欧盟新木材法案
对中国木材行业
中小企业的影响评价

中国农业出版社
北京

曾寅初 曾 伟 秦光远 朱 勇 黄 波 ■ 著

本书系中国人民大学农业与农村发展学院项目组承担完成的欧盟 FLEGT 行动计划亚洲项目的研究成果。项目组人员组成如下：

负责人：曾寅初　中国人民大学农业与农村发展学院教授、博士

成　员：朱　勇　中国人民大学农业与农村发展学院讲师、博士

　　　　　黄　波　中国人民大学农业与农村发展学院讲师、博士

　　　　　曾　伟　中国人民大学农业与农村发展学院博士研究生

　　　　　秦光远　中国人民大学农业与农村发展学院博士研究生

　　　　　李宁宁　中国人民大学农业与农村发展学院硕士研究生

《神农书系》编委会 ▶

Shennong
Series

《神农书系》总序 / Shennong Series

科学研究与问题意识

温铁军

> 中国人民大学农业与农村发展学院随自身科研竞争力的提高，从建院第 5 年之 2009 年起资助本院教师科研成果出版，是为神农书系。本文针对学术界之时弊而作，引为总序。

一、问题：关于科学的问题意识

1. 科学不必"实技求术"

20 世纪 80 年代中国进入新的一轮对外开放的时候，我被公派到美国学习抽样调查和统计分析①。第一次上课，教师就先质疑社会科学的科学性！问：什么是科学成果？按照自然科学领域公认的实验程序简而言之——只有在给定条件下沿着某个技术路线得出的结果可被后人重复得出，才是科学成果。

亦即，任何后来者在对前人研究的背景条件有比较充分了解的情况

---

① 我是 1987 年在国务院农村发展研究中心工作期间被上级公派去美国密执安大学进修社会科学研究方法（1980—2000 年的 20 年里先后 3 次去了以方法论见长的社会调查研究所 ISR 和 ICPSR 进修学习）；后续培训则是在世界银行总部直接操作在发展中国家推进制度转轨的援助项目；随后，即被安排在中国政府承接世界银行首次对华政策性贷款的工作班子里，从事"监测评估"和应对世界银行组织的国外专家每年两次的项目考察评估；这就使我在 1980—1990 年的农口部门有了直接对话世界银行从发达国家聘请的经济专家和从事较高层次的涉外研究项目的机会，因此，当年被人戏称为农村政策领域中的"洋务派"。此外，我在 20 世纪 80 年代中期即介入了第一个专业的"中国社会调查所"的早期研究，1988 年参与了"中国民意调查中心"的民间创办，1990—1992 年实际主持了"中国人民大学社会调查中心"的创办和科研工作；还在国务院农村发展研究中心直接操作过以全国城乡为总体的抽样调查，后来在农业部负责过多个全国农村改革试验区以县级为总体的抽样框设计和调查数据分析。20 世纪 90 年代以来则参与了很多国家级科研项目的立项评估或结项评审。因此，本文实属有感而发，目的在于立此存照。

下，假如还能沿着其既定的技术路线重复得出与前人同样的结果，那么，这个前人的研究，应该是被承认为科学的研究……如此看来，迄今为止的大多数社会科学成果，都因后人难以沿着同样的技术路线重复得出与前人同样的结果，而难以被承认为科学!? 由此，无论东西方的研究只能转化为对某种或者某些特定经验归纳出的解释性的话语。

由于这些话语的适用性在特定时空条件下的有限，因此，越是无法还原那个时空条件的研究，就越是体现了人们追求书斋学术的"片面的深刻"的偏执。

也许，除了那些"被意识形态化"了的话语因内在地具有政治正确而不应该列入科学性讨论之外，人类文明史上还不可能找到具有普遍意义或者普世价值的社会科学成果……

20 世纪 90 年代以来的社会科学研究强调的科学化虽然在提法上正确，但在比较浮躁的意识形态化的氛围之中，却可能成为普遍化的学术造假的内在动因。因为，很多以"定量分析"为名的课题研究尽管耗资购买模型而且有精确的计算，却由于既缺乏"背景分析"，也没有必须的"技术报告"，而既难以评估，也难以建立统一标准的数据库。更有甚者，有些科研课题甚至连做研究最起码的"基本假设"都提不出来，有些自诩为重大创新的、经院式的理论成果，却需要进一步讨论其理论逻辑与历史起点是否吻合等基本常识……

这些实际上与科学化背道而驰的缺憾，往往使得后人不能了解这种大量开展的课题研究的真实依据。如果科研人员不知道量化分析的基本功，不了解数据采集、编码和再整理、概念重新界定等各个具体操作环节的实际"误差"，就很难保证对该课题研究真正意义上的科学评价。对此，国内外研究方法论的学者多有自省和批评。

再者，由于很多课题结题时没有明确要求提供受国家基金资助所采集的基础数据和模型，不仅客观上出现把国家资金形成的公共财产变成"私人物品"的问题，而且后来者也无法检验该课题是否真实可靠。

何况，定性分析和定量分析作为两种分析方法，本来不是对立的，更没有必要人为地划线界定，非要偏向某个方面才能证明研究课题的科学性。

可见，科学研究还是得实事求是地强调具体问题具体分析，而不必刻意地"实技求术",甚至以术代学。方法无优劣,庸人自扰之。如果当代学者的研究仍然不能具备起码的科学常识——理论逻辑的起点与历史经验的起点相一致,则难免在皓首穷经地执着于所谓普遍真理的进程中跌入谬误的陷阱!

2. 农经研究尤须分类

如果说,早期对不同方法的学习和实践仅形成了对"术"的分析,那么,后来得到更多条件从事大量的与"三农"发展有关的国际比较研究之后所形成的认识,就逐渐上升到了"学"的层次。诚然,面对中国小农经济的农业效率低下、农民收入徘徊的困局,任何人都会学看发达国家的农业现代化经验,但却几乎很少人能看到这枚硬币的另一面——教训。

我们不妨从农经研究的基本常识说起——

如果不讨论未涉及工业化的国家和地区,那么,由于农业自身具有自然过程与经济过程高度结合的特征,使其在世界近代通过殖民化推进资本主义工业化的文明史中没有被根除,因此,工业化条件下的世界农业发展分为三个异质性很强的不同类型:

一是前殖民地国家(美国、加拿大、澳大利亚为代表)的大农场农业——因殖民化造成资源丰富的客观条件而得以实现规模化和资本化,对应的则是公司化和产业化的农业政策。

二是前宗主国(欧盟为代表)的中小农场农业——因欧洲人口增长绝对值大于移出人口绝对值而资源有限,只能实现资本化与生态化相结合,并且60%农场由兼业化中产阶级市民经营,因此,导致一方面其农业普遍没有自由市场体制下的竞争力,另一方面与农业高度相关的绿色运动从欧洲兴起。

三是以未被彻底殖民化的居民为主的东亚传统小农经济国家(日本、韩国为代表)的农户经济——因人地关系高度紧张而唯有在国家战略目标之下的政府介入甚至干预:通过对农村人口全覆盖的普惠制的综合性合作社体系来实现社会资源资本化,才能维持三农的稳定。

由此看来,中国属于何者,应该借鉴何种模式,本来也是常识问题。

如果做得到"去意识形态化"讨论,那就会愿意借鉴本文作者更具有挑战性的两个观点：

其一，依据这三种类型之中任何一种的经验所形成的理论，都不可能具有全球普适性。

其二，这三种类型之中，也都没有形成足以支撑"农业现代化"成之为国家发展战略的成功典范[①]。

中国之于 1956 年提出"农业现代化"的目标，一方面是那时候在发展模式上全面学习苏联，并为此构建了意识形态化的话语体系和政策体系；另一方面，客观上也是迫于城市工业部门已经制造出来的大量工业产品急需借助国家权力下乡的压力——如果不能完成工农两大部类产品交换，中国人改革之前 30 年的国家工业化是难以通过从三农获取原始积累来完成的。

时至今日，虽然半个世纪以来都难以找到几个投入产出合理的农业现代化典型，人们却还是在不断的教训之中继续着 50 多年来对这个照搬于先苏后美的教条化目标的执着，继续着对继承了殖民地资源扩张遗产的发达国家农业现代化经验明显有悖常识的片面性认识。

显然，这绝对不仅仅是农经理论裹足不前的悲哀。

二、学科基础建设只能实事求是[②]

以上问题，可能是国家资助大量研究而成果却难以转化为宏观政策依据、更难以真正实现中国话语权及学术研究走向国际性的内在原因。甚至，令学术界致毁的、脱离实际的形式主义愈演愈烈，真正严肃的学术空气缺乏，也使得这种科研一定程度上演化成为各个学科"小圈子"内部分配——各种各样的人情世故几乎难以避免地导致当今风行的学术

---

① 参见温铁军，《三农问题与世纪反思》，生活·读书·新知三联书店，2005 年第一版。
② 2004 年暑假，当我以 53 岁高龄被"引进"中国人民大学、担任农业与农村发展学院院长之职的时候，曾经有两种选择：其一是随波逐流、颐养天年；其二是最后一搏、力振科研。本能告诉我，只能选择前者；良知却迫使我选择了后者。执鞭至今五年有余。在校领导大力支持和全体教职员工共同努力下，本院借国家关注"三农"之机，一跃成为全校最有竞争力的院系之一：教师人均国家级纵向课题 1.5 个，人均课题经费 30 万；博士点从 1.5 增加到 4.5 个，还新组建了乡村建设中心、合作社研究院、可持续高等研究院、农村金融研究所等 4 个校属二级科研教学机构。其间，我虽然了解情况仍然不够全面，但对于现行教育体制问题的认识还算比较新鲜；再者，在这几十年来的"三农"研究中，有很多机会在国外著名高校学习交流，或在几十个国家的农村进行考察，也算有条件做些比较分析。于是，便就科研进一步服务于我国"三农"问题的需求提出这些不成熟的意见；仅供参考。

造假和教育腐败。

我们需要从以下两个方面入手，实事求是地抓好基础建设。

首先是清晰我们的问题意识，从本土问题出发深入调查研究；敢于挑战没有经过本土实践检验的理论观点。当然，一方面要放弃我们自己的意识形态化的讨论；另一方面，尤须警惕海内外任何具有意识形态化内涵的话语权争论被学术包装成科研成果；尤其是那些被广泛推介为具有普适性的理论。在农经界，主要是力戒邯郸学步和以术代学等多年来形成的恶劣学风的影响。

其次是改进定量研究。如果我们确实打算"认真"地承认任何一种新兴交叉科学在基础理论上的不足本身就是常态，那么对于新兴学科而言，最好的基本研究方法，其实恰恰是"后实证主义"所强调的试验研究和新近兴起的文化人类学的参与式的直接观察，辅之以采集数据做定量分析。同时，加强深入基层的科学试验和对个案的跟踪观察。近年来，国外比较先进的研究方法讨论，已经不拘泥于老的争论，开始从一般的"个案研究"演变为资料相对完整、定性和定量结合的"故事研究"。我们应该在现阶段仍然坚持定性与定量分析并重的原则，至少应该把参与式的试验研究和对不同个案的实地观察形成记录，都作为与定量分析同等重要的科学方法予以强调。否则，那些具有吃苦耐劳精神、深入基层从事调查研究的学者会越来越少。

再次是改进科研评价体系。我们在科研工作中应该修改开题和结题要求，把支持科研的经费综合统筹，从撒胡椒面的投入方式，转变为建立能够容纳所有国家资助课题的数据库和模型的共享数据系统，从而，对研究人员的非商业需求免费开放（个别需要保密的应该在开题前申明），以真正促进社会科学和管理科学的繁荣；同时，要求所有课题报告必须提交能够说明研究过程的所有环节出现的失误或偏差的"技术报告"（隐瞒不报者应该处罚）；要求任何重大观点或所谓理论"创新"，都必须提供比较全面的相关背景分析。

既然中国人的实事求是传统被确立为中国人民大学的校训，那就从我做起吧。

（2009 年国庆中秋双节于北京后沙峪）

Shennong
Series

前言

　　本书是中国人民大学农业与农村发展学院项目组承担的欧盟森林执法、施政与贸易（简称FLEGT）行动计划项目的研究报告。项目研究得到了FLEGT亚洲区域项目的资助。

　　欧盟FLEGT行动计划启动于2003年，目的在于减少森林非法砍伐，并通过良好的森林执法和施政，以利于消除贫困和促进自然资源的可持续经营。为了协助欧盟执行FLEGT行动计划，欧洲森林研究所（EFI）于2007年设立FLEGT行动项目办公室，负责管理和实施FLEGT行动的区域支持项目。在2009年10月，EFI专设了FLEGT亚洲区域办公室（简称FLEGT亚洲），通过支持欧盟FLEGT行动计划，在亚洲推动良好的森林施政，帮助亚洲国家消除贫困和促进自然资源的可持续经营。FLEGT亚洲为实现其项目目标的工作计划，包括信息收集、能力建设和海关与地区合作三个阶段。本项目研究属于FLEGT亚洲第一和第二阶段活动的一部分。

　　在项目研究过程中，得到了许多单位和个人的支持和帮助。在此，项目组感谢国家林业局、中国林业科学院、中国林产工业协会、中国人造板专业委员会、中国木材与木制品流通协会、中国造纸协会、中国家具协会等单位的指导与支持；感谢江苏省林业厅、浙江省林业厅、山东省林业厅、江苏省常州市地板协会和横林镇政府、江苏省邳州市农业委员会和木业协会、浙江省嘉善县农业经济局和木业协会、山东省临沂市林业局等政府主管部门和行业协会在项目组实地调查过程中给予的帮助；感谢同事刘金龙教授的热情鼓励与无私协助；感谢欧洲森林研究所特别是FLEGT亚洲项目办公室的高雅女士、陈晓倩女士等在项目实施中承担的事务协调工作。

　　项目组特别感谢由欧盟出资的FLEGT亚洲区域项目对本研究的资助，

并同意将研究报告公开出版，但是需要强调说明的是本书所表达的观点在任何情况下都不可视为欧盟的官方观点！

　　本书是项目组在林业经济管理领域研究中取得的初步成果之一，由笔者主著和统稿，曾伟和秦光远参与了部分章节的初稿写作，朱勇和黄波参与了书稿的讨论。衷心希望本书能对研究者提供参考价值与借鉴作用，也恳切希望各位读者能不吝赐教，提出宝贵的批评意见。

项目组负责人　曾寅初

2014 年 5 月

神农书系
Shennong
Series

摘要 ▶

世界木材产业的快速发展带来了非法砍伐的全球性问题，为了抑制非法砍伐活动，欧盟于 2003 年开始实施了森林执法、治理和贸易（FLEGT）行动计划。在此基础上，为了控制所有进入欧盟木材产品的合法性，2010年 10 月欧盟通过了新木材法案，并于 2013 年 3 月 3 日开始实施。新法案要求所有进入欧盟市场的木材产品都具有合法性，即欧盟 27 国所有的木材生产商和进口商都必须通过"尽责调查（due diligence）"，以确保所有首次进入欧盟市场交易木材产品的合法性，从而要求所有向欧盟提供木材产品的厂商都必须建立可追溯的供销监管链记录，以支持合法性的验证。

中国已经成为世界最大的木材产品生产国和贸易国，同时也是欧盟市场木材产品最重要的进口国，并且中国的木材行业具有以中小企业为主的显著特点。因此，欧盟新木材法案的实施一定会对中国木材中小企业的发展带来显著的影响。

本书的目的就是以中国木材行业中的胶合板、木地板和造纸产业为中心，利用统计推断与企业调查相结合的办法，对欧盟新木材法案的实施对中国木材行业中小企业的影响进行事先的评价分析。具体评价内容主要包括：总结中国木材行业中小出口企业的商业模式特点，推算欧盟新木材法案的实施对于中国木材行业中小企业的直接影响范围，分析评价欧盟新木材法案的实施对中国木材行业中小企业的财务影响、经济影响和社会影响。

本书所指的中小企业，采用 2011 年 6 月 18 日中国工业和信息化部、国家统计局、国家发展和改革委员会、财政部联合印发《关于印发中小企业划型标准规定的通知》所规定的划分标准。该通知根据企业从业人员、营业收入、资产总额等指标，并结合行业特点，将企业划分为大型、中型、小型、微型四种类型。就本书所涉及的木材行业而言，中小企业是指从业人员 1 000 人以下或营业收入 40 000 万元以下的企业。其中，从业人员 300 人及以上，且营业收入 2 000 万元及以上的为中型企业；从业人员 20 人及以上，且营业收入 300 万元及以上的为小型企业；从业人员 20 人以下或营业收入 300 万元以下的为微型企业。

0.1　欧盟新木材法案直接影响范围的分析

第一，中小企业在中国木材行业中占有非常重要的地位。2008 年，中国木材行业共有企业 12.79 万家（127 928 家），其中中小企业 12.55 万家（125 485 家），占全部企业数量的 98.09%；全部企业完成工业总产值 16 846.82 亿元，其中中小企业完成工业总产值 12 627.76 亿元，占 74.96%；全部企业就业人数 536.40 万人，其中中小企业就业人数 485.77 万人，占 90.56%。其中，胶合板产业中中小企业占全部企业数的 99.91%、全部工业总产值的 90.67% 和全部就业人数的 97.13%。木地板产业中中小企业所占的比重略低于胶合板产业，分别占全部企业数量、全部工业总产值和全部就业人数的 99.55%、83.32% 和 94.95%。造纸企业中中小企业占全部企业数量的 99.36%，占全部就业人数的 77.44%，占全部工业总产值的 51.48%。

第二，中小企业在中国木材行业出口中也占有非常重要的地位。2008 年，中国木材行业出口企业 4 041 家，其中中小企业 3 854 家，占 95.37%；木材行业出口交货值 1 775.47 亿元，其中中小企业出口交货值 1 208.14 亿元，占 68.05%。胶合板产业出口企业 361 家，出口交货值 148.22 亿元，其中中小企业分别占 98.34% 和 89.38%。木地板出口企业 89 家，出口交货值 50.72 亿元，其中中小企业分别占 93.26% 和 82.31%。造纸产业出口企业 187 家，出口交货值 170.24 亿元，虽然有出口的中小企业数量占全部出口企业的 74.87%，但是出口交货值仅占全部出口交货值的 5.46%。

第三，中国木材出口中小企业的木材原料采购特点。中国木材出口中小企业的木材主要包括速生材等国内原料和进口原料。国内原料主要通过从木材交易市场上采购、在原料产地委托代理商采购和自建原料基地供应的采购方式。进口原料则采用直接从木材交易市场采购、委托特定的原料进口商进口、从特定的生产加工企业采购和来自于自建的原料基地的方式获得。胶合板出口企业中，大部分企业采用国内速生材作为基材原料，也有部分企业采用进口原料。木地板出口企业主要以复合木地板企业和强化木地板企业为主，实木地板企业产品基本不出口。复合木地板企业的基材以国内原材料为主，也有部分采用国外进口的原料；而复合木地板的表皮材料则基本上依赖国外进口；造纸产业同时采用国外原料和国内原料，现代造纸企业以进口原料为主，进口的原材料主要是木浆和废纸；而传统造纸产业主要依赖国内原料。

第四，中国木材出口中小企业的产品销售特点。中国木材行业中小型出口企业的产品销售大部分采用 OEM（Original Equipment Manufacturer）贴牌生产的方式，也有少部分的企业采用自己的品牌销售。OEM 贴牌生产方式通常又可分为采用直接接受国外零售商的订单、接受国外采购商的订单和为接受出口订单的企业代为加工三种形式。采用自己的产品品牌向国外出口的销售方式，总体上来看所占的比重较小，可以认为尚处在开拓扩张的阶段，具体也可以细分为向国外零售商供货、在国外建立自己的销售网络两种形式。胶合板和木地板产业较多地采用 OEM 贴牌生产的方式，而造纸产业大多通过企业自己的品牌出口产品。

第五，中小企业是中国木材行业中受法案直接影响的主体部分。根据推算结果，将会有 1 507 家企业受到欧盟新木材法案的直接影响，其中中小企业 1 453 家，占全部受直接影响企业数的 96.42%。同时，将会有39.6 万（396 098）的就业人数受到欧盟新木材法案的直接影响，其中中小企业受直接影响的就业人数为 30.3 万（302 829）人，占全部受直接影响就业人数的 76.45%。从受直接影响的中小企业类型来看，中型企业受到的影响最大。受法案直接影响的全部中小企业数中，中型企业为 860 家，占中小企业合计数的 59.2%；受法案直接影响的就业人数中，中型企业达到 24.9 万（249 182）人，占中小企业合计数的 82.3%。

第六，从受欧盟新木材法案直接影响的中小企业数来看，胶合板产业最多，而造纸产业最少。胶合板产业受直接影响的中小企业合计为 79 家，占本产业全部企业的 97.5%；木地板产业受直接影响的中小企业合计数为 70 家，占本产业全部企业数的 93.3%；而造纸产业受直接影响的中小企业合计数为 20 家，占本产业全部企业的 74.1%。从中小企业的内部类型来看，除了造纸产业中型企业和小微企业各占一半外，木地板产业和胶合板产业都是以中型企业为主，分别占受直接影响中小企业合计数的 74.3% 和 70.9%。

第七，从受欧盟新木材法案直接影响的中小企业就业人数来看，造纸产业最多，而胶合板产业最少。造纸产业受直接影响的中小企业就业人数为 2.27 万（22 667）人，占本产业全部企业就业人数的 66.5%；木地板产业受直接影响的中小企业就业人数为 1.56 万（15 588）人，占本产业全部企业就业人数的 88.8%；胶合板产业受直接影响的中小企业就业人数为 1.41 万（14 146）人，占本产业全部企业就业人数的 81.2%。从中小企业类型来看，造纸产业最主要受直接影响的就业人数在小微企业，为 1.75 万（17 509）人，占本产业中小企业合计数的 77.2%；而木地板产业和胶合板产业最主要受直接影响的就业人数在中型企业，分别占本产业中小企业合计数的 93.0% 和 89.5%。

0.2　欧盟新木材法案的财务影响评价

第一，中国木材中小企业可能的应对方式与应对成本。在保证木材原料来源的合法性方面，中国木材企业可能采取的应对方式主要包括以下两种方式：①采用经过森林认证 FM 认证的木材原料，一般要比未经森林 FM 认证的普通木材的价格高出 10%~30%，将会使企业产品成本上升 3%~24%。②采用经过合法性认证的木材原料。国产木材原料合法性认证的支出应该不大，估计将使国内木材原料单价上升 2%~5%，可能使企业产品成本上升 0~4%；国外进口木材原料经过合法性认证将使其单价提高 5%~10%，可能造成企业产品成本上升 0~8%。而在保证企业木材产销流程的可追溯性方面，中国木材企业可以选择的应对方式主要有以下两种：①采用森林企业产销监管链 CoC 认证，估计可能会使得企业产品成本上升1%～5%。②企业自建完备的产销履历制度，可能使得企业产品成本上升0.4%～2%。

第二，企业采取不同应对方式组合时，法案应对对企业产品成本上升的影响程度也不相同。企业完全采用森林认证的应对方式组合，即采用FM认证的木材原料并通过企业的购销产业链CoC认证时，将使产品成本上升4.0%～29.0%。企业采用合法性认证木材原料和自建完备的产销履历制度的应对方式组合时，产品成本的上升幅度可控在6.0%以下。但是，只要企业采取应对，就必然会带来一定程度的产品成本上升。从应对成本比较来看，建立高效便利的合法性认证体系和鼓励企业自建完备的产销履历制度，是降低中国企业对欧盟新木材法案应对成本的有效途径。

第三，木材行业中小企业应对欧盟新木材法案时所支付成本在产业间存在差异。这种差异主要受到原料成本在产品成本构成中的比重、采用国外进口木材原料的比重和产品的木材原料构成的多样性和产销环节的复杂性等不同产业特点的影响。当采用森林认证的高标准的应对方式组合时，现代造纸产业的产品成本上升影响程度相对较低，为4.0%～17.0%，而其他产业的产品成本上升影响程度相对较大，复合木地板、传统造纸、胶合板和强化木地板产业产品上升的影响程度分别为9.0%～27.0%、8.0%～27.0%、8.0%～26.0%和7.0%～25.0%。当采用合法性认证木材和企业自建产销履历制度的普通应对方式组合时，复合木地板产业所受的成本上升影响程度相对最大，为2.4%～6.0%，而现代造纸、传统造纸、胶合板和强化木地板产业的成本上升影响程度分别为1.27%～4.8%、2.0%～5.6%、1.8%～5.2%和1.5%～4.6%。

第四，欧盟新木材法案将对规模较小的中小企业带来更加不利的成本上升影响。不论是高标准的应对方式还是相对普通的应对方式，法案对微型企业和小规模企业的成本上升影响要远远大于中型企业。以胶合板产业为例，当采用认证（FM+CoC）应对方式时，微型、小型、较小的中型和较大的中型企业的产品成本上升影响分别为20.0%～26.0%、16.0%～22.0%、12.0%～18.0%，和8.0%～14.0%；当采用木材合法性认证和企业自建完备的木材产销履历制度时，微型、小型、较小的中型和较大的中型企业的产品成本上升影响分别为3.9%～5.2%、3.2%～4.2%、2.5%～

3.5％和1.8％～2.8％。这种不同规模类型企业之间的应对造成产品成本上升影响程度的差异也存在于木地板、造纸等其他产业。由于几乎所有的微型企业和30.0％～50.0％的小型企业不可能或者是不愿意支付通过森林认证应对方式所需要支付的一次性投入；即使企业能够支付应对所需要的一次性投入，也会因规模较小而需要承担较高的单位产品中的分摊成本，因此，微型、小型、较小的中型和较大的中型企业中可能采用认证（FM+CoC）应对方式的企业比例分别为接近于0、10.0％～30.0％、20.0％～50.0％和50.0％～80.0％。而当采用合法性认证和自建完备的产销履历制度的应对方式时，由于一次性投入较小，一般不会构成企业的应对门槛。此外，大型企业尤其是大型跨国企业可能通过产业链的扩展，通过与木材原料生产企业的联合来抵消木材原料涨价带来的产品成本上升影响，但是一般的中小企业基本上不可能采用这样的方式。同时，欧盟新木材法案可能使中小企业原料市场、产品市场的风险和不确定性加大。

第五，对欧盟新木材法案的应对也可能给中国木材中小企业财务带来有利的影响。经过森林认证的产品可能带来消费者的额外支付溢价，中国木材中小企业可能获得的欧盟市场的认证木材产品溢价为6％～8％。对于产品的消费需求较小的产品而言，成本上升的影响可能较容易地传导到消费者价格中去，使得产品销售价格也会同时上升，保守估计产品销售价格的上升幅度为0～4％。欧盟新木材法案相当于一个市场壁垒，如果跨过了这个壁垒，则中国中小企业向欧盟市场出口的规模可能扩大，市场份额有可能提高。生产销售规模的扩大而带来的规模经济性将使企业产品平均成本降低0～1％。综合起来看，采用森林认证（FM+CoC）的高标准应对方式时，法案的应对将使企业产品销售价格提高或成本下降7.4％～12.2％，而采用合法性认证木材原料和企业自建完备的产销履历制度的普通应对方式时，将使产品销售价格提高或成本下降0.8％～2.3％。

第六，欧盟新木材法案的应对给中国木材中小企业财务带来的有利影响在产业间存在差异。当采取森林认证的高标准应对方式时，有利影响程度最高的是传统造纸产业，为11.2％～12.2％，而复合木地板、强化木地板、胶合板和现代造纸产业的有利影响程度相对较低，分别为9.0～10.0％、8.9％～9.9％、7.4％～8.6％和7.8％～8.8％。当采用合法性认证木材原料和企业自建完备的木材产销履历制度的普通应对方式时，强化木地板和传统造纸产业的有利影响程度相对较高，分别为1.7%～2.3%和1.6%～2.2%，复合木地板和胶合板产业的有利影响程度分别为1.2%～1.8%和1.0%～1.6%，而现代造纸产业的有利影响程度相对最低，只有0.8%～1.4%。

第七，欧盟新木材法案对中小企业财务的综合影响将会由于企业应对效果的不同而有差异。无论是采用高标准的应对方式，还是采用相对普通的应对方式，由于部分企业应对带来的有利影响程度要高于其应对成本上升的不利影响程度，所以这些应对成本相对较小、应对效果相对较好的中小企业而言，不仅不会使企业的财务状况恶化，反而有利于提高企业的盈利能力。而介于高标准应对方式和相对普通应对方式之间仍有多种应对方式选择，这些应对方式带来的企业成本上升也介于前述两种应对方式之间，同时表现出较大的差异，不同行业、不同规模企业可以根据企业的实际情况和未来发展预期选择适合企业的应对方式，尽可能地降低和减轻法案应对给企业带来的不利影响。但是，整体上看，法案应对可能产生的有利影响程度要小于法案实施带来的成本上升的不利影响程度。同时，法案应对带来的企业成本上升影响随着企业规模的扩大而快速下降，不论是高标准的应对方式还是相对普通的应对方式，对微型企业和小规模企业的成本上升影响要远远大于较小的中型企业和较大的中型企业。这意味着中国木材行业中大部分中小企业的财务状况，还是会由于欧盟新木材法案的实施而恶化。扣除了法案应对的有利影响后，采用森林认证的高标准应对方式时，大部分的中小企业还可能面临相当于企业产品成本提高5%～15%的不利影响，而采用合法性认证和自建企业完备的产销履历制度的应对方式时，大部分的中小企业可能还可能面临相当于企业产品成本提高1%～9%的不利影响。

第八，欧盟新木材法案的实施带来的负面影响可能随着木材行业中小企业经营环境的继续恶化而叠加放大。与2008年相比，2011年我国木材中小企业的原材料成本、劳动力成本和人民币升值带来的出口成本都有了显著的提高，原木、锯材等原料价格上涨幅度为10%～30%；而木材企业一线工人的工资普遍增加了一倍；人民币累计升值幅度达到了6.6%，三者相已使得中小企业的单位产品平均出口成本上升了20%～40%。欧盟新木材法案的实施带来的负面影响，将可能建立在木材行业中小企业经营环境继续恶化的基础之上，因而其不利影响的程度可能会得到叠加放大。

第九，中国木材行业的企业盈利空间已经不大，但是却表现出较强的成本上升消化能力。2008年以来中国木材加工及木竹藤棕制造业、木家具制造业、造纸及纸制品业三个行业企业成本利润率基本上是在3.5%至6%波动；分产业来看，木材加工及木竹藤棕制造企业成本利润率呈现出上升趋势，从2008年的4.84%提高到2011年的5.89%，年度平均为5.28%，造纸及纸制品企业成本利润率则存在明显波动，年度平均为5.42%；木家具制造企业成本利润率也呈现增长趋势，从2008年的3.53%增长到2011年的5.03%，年度平均为4.29%。可见，中国木材企业的成本盈利空间已经不大，同时也反映了中国木材企业在应在经营环境恶化的情况下，对生产上升的消化能力较强。

0.3　欧盟新木材法案的经济影响评价

第一，欧盟新木材法案实施将促进中国木材行业的产业转型升级。由于欧盟新木材法案实施对中国木材行业不同生产要素的影响程度不同，将促使木材中小企业通过技术进步，以尽可能降低应对带来的负面影响，从而促使中国木材行业的产业转型升级。①向资本密集型方向的转型升级，每万元企业资产的就业人数将加速继续下降，木材行业机械化和自动化的程度有可能较快提高。②向科技密集型方向的转型升级，开展科技研发活动的企业比重将进一步显著提高，专利和新产品开发数目将进一步快速增加，新产品开发与技术改造经费也将进一步较快增长，从而提高行业整体的科技密集型程度。

第二，欧盟新木材法案的实施将促进中国木材行业的企业规模分布进一步向大中型企业集中。欧盟新木材法案的实施对不同规模企业的影响具有显著的差异性，对规模较小企业的不利影响程度相对较重，而对规模较大企业的不利影响程度相对较轻，从而可能促使较大规模的中型企业采取相对积极的规模调整方式，而规模较小的小微企业和部分中型企业可能放弃欧盟市场，甚至退出木材行业。中国木材产品的出口企业将进一步转向以大中型企业为主，中国木材行业的企业规模分布将进一步向大中型企业方向集中，各产业的企业平均规模将进一步扩大。

第三，欧盟新木材法案的实施可能促进中国木材行业中小企业的购销方式变化。欧盟新木材法案对木材来源合法性和产销流程可追溯性的要求，对中国木材企业购销的影响具有差异性。采用合法性认证的应对方式时，国产木材原料的单价上升程度要低于进口木材原料。同样是采用进口木材原料的企业，来自于欧美等发达国家的木材原料更有利于保证合法性和产销流程的可追溯性。越是采用相对松散的木材原料采购方式，则木材原料的可追溯性就越差。对于同样是出口销售的企业而言，显然采用企业直接销售或者与销售企业建立有相对稳定的销售关系的销售方式时，木材产品的可追溯性要比采用相对松散的在市场销售方式更加容易一些。因此，欧盟新木材法案的实施可能促使企业降低进口木材原料的依赖性，增加使用从发达国家进口的木材原料；减少直接从木材交易市场采购原料的方式，更多地采用具有稳定客户关系的木材原料采购方式；减少 OEM 贴牌生产的方式，更多地尝试采用企业自主品牌的直接销售方式。

第四，欧盟新木材法案实施将带来中国木材行业产业链及其关联产业的变化。出口企业的木材行业产业链将向着越来越紧密的方向发展，部分中小企业将从目前的木材加工环节向前和向后延伸，发展成为集整个木材行业产业链为一体的综合型企业；部分中小企业将与原材料供应企业和产品销售企业建立相对稳定的客户关系，甚至发展成为较为紧密的企业联盟。同时，木材原料经由木材交易市场的比重可能下降，甚至形成二元的木材原料采购模式，即只有供应国内市场的木材加工企业才会从木材交易市场采购原材料，而产品出口的木材加工企业则全部会从自建的原料基地或者是相对稳定的供货商采购自己的木材原料。同时，出口产品采购商的影响力可能减弱，企业在国外以自己品牌的直销比重可能上升。

第五，欧盟新木材法案的实施将对中国木材企业集聚和地区布局产生影响。应对欧盟新木材法案所引发的成本压力将促使中小企业在立地选择时，更多地考虑运输成本问题，更多地考虑企业所在地的木材产品科研实力和配套优势，以及投资环境和综合服务水平。欧盟新木材法案实施后，中国木材出口企业将继续向沿海东部地区、特别是东部地区的产业集聚地进一步集中，而以国内木材原料为主的木材原料型生产企业将向木材原料产地集中。因此，可以预计东部地区木材企业所占的比重仍将保持高水平，且将逐步转变为以出口企业为主；而中西部地区木材加工企业所占的比重有可能上升，但将以国内木材原料的加工企业和内销的中小企业为主。从产业来看，胶合板产业向中西部原料产地集中的可能性较大，而造纸产业将会日益转向以大型企业生产为主，因此相对分散的格局将会继续保持下去。

0.4　欧盟新木材法案的社会影响评价

第一，欧盟新木材行业法案的实施将促使中国木材中小企业就业人数进一步减少，并有可能产生部分中高龄农民工的再就业问题。欧盟新木材法案实施后中国木材中小企业以资本替代劳动的过程，将使其就业人数随之进一步减少。部分中小企业退出出口市场，甚至退出木材行业，也会促使中国木材行业中小企业的就业人数进一步减少。由于目前中国木材行业中小企业存在劳动强度相对较低、劳动环境相对较差的特点，因此目前中国木材中小企业就业农民工以年龄在 35 岁以上的中高龄农民工为主。如果失去工作岗位的人数中，有 80% 属于中高龄农民工，则中国木材行业整体将会有 2.4 万（24 224）人，木地板、胶合板和造纸产业分别有 1 248 人、1 128 人和 1 816 人的中高龄农民工将面临需要再就业的问题。

第二，欧盟新木材法案的实施将减弱中国木材行业中小企业对农民增收的带动作用。欧盟新木材法案的实施将进一步压缩木材中小企业的盈利空间，从而降低木材中小企业主的经营收入。虽然欧盟新木材法案实施后在岗的工人工资水平可能有价上升，但是仍有后部分在岗的工人因为企业缩减工人数量或因为部分企业的退出，可能使其工资收入较快降低。如果按照人均年工资 3 万元（即月工资 2 500 元）计算，则中国木材行业整体失业工人的年工资收入损失可能达到 9 亿（90 840 万）元，而木地板、胶合板和造纸三个产业的年工资收入损失也将分别达到 4 680 万元、4 230 万元和 6 810 万元。总体来看，欧盟新木材法案的实施很可能导致中国木材中小企业在带动农民增收中的整体贡献率下降。

第三，欧盟新木材法案的实施及其应对将可能改善中国木材中小企业职工的劳动条件。欧盟新木材法案的实施，在国内木材行业经营环境变化的过程中，将进一步促进中国木材中小企业以资本替代劳动的过程，随着中国木材行业机械化和自动化程度的提高，中国木材行业中小企业职工的劳动强度有可能进一步降低，而一线工人的劳动场所的环境条件也有可能得到进一步的改善。但是，为提高企业职工的基本素质，企业在职工知识和技能培训上的支付可能增加。如果职工素质不能同时提高，则职工遭受意外事故的风险会加大。同时，企业产销流程等的规范化管理可能带来中国木材中小企业职工各种劳动保障制度和措施的完善。但企业盈利水平的下降也可能降低企业提供职工劳动保障的能力。

第四，欧盟新木材法案的实施一旦带来较大的负面影响则将可能使企业集聚地维持社会稳定的风险加大。我国木材行业中造纸企业集聚的特征不明显，但胶合板和木地板产业都具有明显的企业集聚特征。在中国木材产业中小企业集聚地，由于木材行业在当地整体经济中占有非常重要的地位，欧盟新木材法案所带来的影响具有重要的集中放大效应，如果木材行业产值降低5%，则木材企业集聚地的经济增长将可能降低在2%以上；如果木材行业企业的利税额下降5%，则可能多数企业集聚地的财政收入下降超过1.5%。加上职工就业调整也将集中在企业集聚地。因此，欧盟新木材法案实施一旦带来较大的负面影响则可能使得中国木材行业中小企业集聚地维持社会稳定的风险加大。

第五，欧盟新木材法案的实施有利于中国木材行业中小企业提高环保意识。中国木材中小企业的环境保护意识相对比较薄弱。73家企业调查结果发现，听说过美国雷斯法案修正案的企业为59家，约占81%；而听说过欧盟新木材法案的企业只有24家，约占33%。在中国已经成为世界最大的木材产业加工制造业基地的背景下，中国木材行业中小企业的环境保护意识不仅是对中国国内的资源环境保护，还会对全球的资源环境保护产生十分重要的影响。了解、理解和应对欧盟新木材法案的过程，同时也将是中国木材行业中小企业提高环境保护意识的过程，这一过程有利于中国木材行业中小企业环境保护意识的提高。

　　第六，欧盟新木材法案的实施有利于增强中国木材中小企业的社会责任。欧盟新木材法案的实施，将会促使越来越多有能力的中国木材行业中小企业参与森林认证，从而将促进中国木材中小企业在木材原料使用上更好地履行企业的社会责任。欧盟新木材法案的实施会促使中国木材中小企业更加节约使用木材原料，拒绝采用来源不明的木材原料，从而有利于抑制木材的非法砍伐活动。欧盟新木材法案的实施将会引发带动中国木材中小企业更多地关注除了自身的经营绩效之外的企业形象，从而使中小企业提高社会责任感，更加热心于社会公益事业，更加关注企业发展的社会影响。

0.5　两点扩展性讨论

　　第一，欧盟新木材法案对中国木家具产业中小企业的影响要比木地板、胶合板和造纸等产业更大。这是因为，①欧盟新木材法案对中国木家具中小企业产生直接影响的范围要更大。中国木材行业中木家具行业是企业数量最多、就业人数最多和向欧盟出口木材产品数额最大的产业。根据企业统计数据，2008 年中国木家具产业中小企业数为 20 800 家，占中国全部木家具企业数的 99.79%，木家具企业中小企业就业人数 88.84 万人，占全部木家具企业就业人数的 91.60%。其中有出口的木家具中小企业数为 1141 家，占全部木家具产业中小企业的 5.47%，出口交货值为 406.05 亿美元，远大于同年胶合板、木地板和造纸产业出口交货值 132.48 亿美元、41.75 亿美元和 239.75 亿美元的水平。因此木家具产业中小企业受欧盟新木材法案直接影响的范围相对更大。②由于木家具产业相对更多地采用国外进口的木材原料，而因为欧盟新木材法案及其应对国外进口原料的单价提高幅度更大，所以将是其财务成本受欧盟新木材法案的上升影响程度更大。同时由于木家具所用的木材原料种类更多，特别是其生产工艺流程比木地板、胶合板和造纸产业要复杂得多，因此即使是同样产值的中小企业，在建立企业完备的产销履历制度时需要支出的企业管理调整成本将远高于木地板、胶合板和造纸产业的中小企业。③中国木家具产业中小企业对欧盟新木材法案影响的应对难度更大。受欧盟新木材法案影响促使中小企业采用资本替代劳动的技术进步难度相对较大，企业通过机械化和自动化等节省劳动力的技术进步调整更加困难。相对规模较小的中小企业受到欧盟新木材法案影响而退出出口市场，甚至退出木材行业的影响程度可能更大。④中国木家具产业中型企业受欧盟新木材法案影响带来的社会风险可能更大。与木地板和胶合板产业同样，欧盟新木材法案的实施一旦产生不利的影响，使得中小企业集聚地的木家具产业增长放缓或者甚至出现负增长，则对当地的整体经济增长和财政收入影响较大，也可能加企业集聚地维护社会稳定的风险。同时，企业退出出口市场、甚至退出木材行业时，失去工作岗位的中高龄农民工再就业的压力更大。

第二，欧盟新木材法案对中国木材产品在欧盟市场的短期国际竞争力可能下降。贸易数额及其增长趋势显示中国木材产品在欧盟市场具有很强的国际竞争力，2001 年至 2010 年间，欧盟从中国的胶合板进口额占欧盟胶合板进口总额的比重从 1.50％增长到 25.86％；欧盟从中国的木家具进口额占欧盟木家具进口总额的比重从 14.6％增长到 52.90％；欧盟从中国的纸及纸制品进口额占欧盟纸及纸制品进口总额的比重从 5.44％增长到 19.65％。但是，中国木材产品受欧盟新木材法案的不利影响可能大于欧盟市场上的主要竞争对手。①因为中国木材行业受欧盟新木材法案直接影响的企业数量要远大于竞争对手。②因为中国木材企业对国外木材的依存度较高，加大了其对欧盟新木材法案的应对难度。③与发达国家木材加工企业相对，中国木材企业的管理水平和规范性程度相对较低，因此应对欧盟新木材法案实施时，其应对成本也会相应较大。考虑到中国木材行业具有更好的研发和技术水平，比东南亚等国家的木材企业更可以通过技术进步、新产品研发等方式来消化吸收欧盟新木材法案实施带来的不利影响；具有更好的相关配套产业，比东南亚等国家的木材企业可以得到更好的产业综合优势，可以通过产业链的整体优势来应对欧盟新木材法案的影响；具有更加成熟和容量更大的国内市场，比东南亚等国家的木材企业更可以通过内销和出口的相互结合来调整企业的经营，来化解欧盟新木材法案实施所带来的不利影响等因素，中国木材行业对欧盟新木材法案的应对能力高于东南亚等主要竞争对手。总体来看，如果中国木材企业对欧盟新木材法案的应对效果不佳，则中国木材行业受欧盟新木材法案实施的不利影响可能大于欧盟市场上的其他竞争对手，中国木材产品在欧盟市场上的国际竞争力在短期内可能会有所下降。反之，如果中国木材企业对欧盟新木材法案采取了积极有效的应对措施，能够通过技术进步等方式较好地吸收消化欧盟新木材法案实施所带来的不利影响，则中国木材产品将会持续在欧盟市场上保持较强的国际竞争力。

0.6　对策建议

根据以上对欧盟新木材法案对中国木材行业中小企业影响的评价结果，我们提出如下的对策建议：

第一，加强对欧盟新木材法案的宣传和培训工作。了解和理解欧盟新木材法案是有效应对的基础。针对目前中国木材企业、特别是众多的中小企业对欧盟新木材法案认知程度很低，甚至完全不了解的现实，首先应该做的是加强对欧盟新木材法案的宣传和培训工作。同时，针对可能受欧盟新木材法案直接影响的中小企业，还应该通过组织专题培训班的方式，深入讲解欧盟新木材法案的原则、要求和可能具体方法，以指导相关企业做好应对工作。

第二，建立便利高效的欧盟新木材法案国内应对配套体系和具有中国特色的木材认证体系。考虑到通过建立木材来源的国内合法性认证体系和指导企业自建完备产销履历制度是企业支付成本相对较低的应对方式，也是中国木材行业的大多数中小企业较为可能采用的应对方式，所以中国政府可能需要认真考虑在与欧盟进行自愿伙伴关系（VPA）协议谈判的基础上，建立国内的欧盟新木材法案的应对配套体系。①建立中国的木材合法性认证体系，通过合理的制度设计和程序设计，以保障木材合法性认证体系的便捷化和高效化，从而尽可能地降低中国木材中小企业对欧盟新木材法案的应对成本。②针对各个木材产业不同的商业模式特点，分产业编印中国木材企业自建完备的产销履历制度的导则，以指导和帮助中国木材行业的中小企业应对欧盟新木材法案的实施。积极推广现有的国际森林认证虽然很重要，但是由于认证要求和认证成本过高，很难适应中国木材行业以中小企业为主的国情。所以，应该根据中国木材行业以中小企业为主的特征，积极探索建立政府机构、行业协会和企业相互支撑、而以为民间组织为主体的具有中国特色的森林和木材认证体系。只有这样，才有可能在中国木材行业中迅速推广森林和木材认证，真正全面而有效地保障中国木材企业所使用木材的合法性，促进中国木材行业的可持续发展。

第三，启动中国木材产业和木材使用长期规划的编制工作，确保中国木材资源的国家安全。欧盟新木材法案的实施，虽然只是强调了木材的来源合法性和产销可追溯性问题，但是会对世界木材原料的格局产生深远的影响。对于中国这样一个世界最大的木材产品生产加工大国而言，保障木材原料的长期稳定供应将是影响中国木材行业长期发展的根本问题。因此，建议利用应对欧盟新木材法案实施的有利历史时机，从国家木材资源安全的角度出发，启动中国木材产业和木材使用长期规划的编制工作。

第四，指导企业对欧盟新木材法案开展积极应对并选择适合的应对方式。尽管欧盟新木材法案的实施及其应对，肯定会对中国木材行业的中小企业带来成本上升的不利影响，但是欧盟新木材法案所提出的要求从原则上看是符合木材行业可持续发展方向的，因此从企业长远发展的角度看，积极应对应该是一个合理的选择。所以政府相关部门和行业协会应该指导和引导企业开展积极应对，而放弃仅从眼前利益出发的应付方式。同时，为了尽可能地降低应对成本，提高应对的效果，应该指导企业根据自身的特点，选择合适的应对方式。对于实力较强、规模较大的大中型企业可以鼓励采用森林认证的高标准的应对方式，而对于实力相对较弱的相对小规模的中小企业和小微企业，也应该积极指导和帮助企业采用相对标准较低的应对方式，以达到欧盟新木材法案的要求。

第五，及时收集和分析相关信息，做好欧盟新木材法案的应对风险防范工作。政府有关部门和行业协会，应该及时收集整理和分析欧盟新木材法案相关的信息，制定好风险防范和化解的预案。值得特别注意的风险包括：①欧盟新木材法案实施初期企业可能会因为出口要求和程序调整等原因，面临短期的出口调整风险。②针对欧盟新木材法案实施可能给中国木业中小企业集聚地带来的不利影响的集中放大效应所带来的维护社会稳定的风险。③做好欧盟新木材法案实施可能出现的中高龄农民工被迫失去工作岗位后的生活保障和再就业工作。

　　第六，采取各项政策扶持措施，努力提高企业对欧盟新木材法案的应对能力。为了应对欧盟新木材法案实施所带来的不利影响，政府部门应该在继续实施目前已经实施的各项政策扶持措施的基础上，增加对中国木材企业的政策支持力度，来帮助企业提高应对能力。①是否可考虑针对木材行业不同产业的特点，对主要采用合法性木材原料且建立了可追溯制度的木材产品生产加工企业采用过渡性、差别性的临时提高出口退税比例的政策。②引导企业通过兼并重组的方式，扩大企业规模，提高企业实力。③实施木材行业企业科技研发支持计划。④实施木材企业国外营销支持计划。

Shennong
Series

Abstract ▶

The rapid development of timber and wood product industry all over the world has brought about the worldwide issue of illegal logging. The European Union (EU) started the Action Plan for *Forest Law Enforcement, Governance and Trade* (FLEGT) in 2003, aiming at combating illegal logging and its associated trade. Then the EU adopted a new timber regulation to ensure the legality of all wood products entering the EU market, which will come into force on 3 March 2013. The new regulation requires all wood products to be placed on the EU market should be demonstrated to be legal, i. e. wood producers and importers in all 27 EU Member States are required to practice due diligence to ensure the legality of wood and wood products to be placed on the EU market for the first time, and accordingly all manufacturers supplying wood products to the EU are required to keep records of a traceable chain of custody for the legality verification.

China is the largest power in producing and trading wood products in the world and also considered as the most important exporter of wood products to the EU market. In addition, China's wood product industry mainly consists of Small and Medium-sized Enterprises (SMEs). Therefore, the implementation of the new EU timber regulation will have great impacts on SMEs in China's wood product industry.

Focusing on the sectors of plywood, wooden flooring and pulp and paper in China's wood product industry, the report combines statistical inference and field surveys in enterprises to elaborate a proactive impact assessment and analysis of the EU timber regulation on SMEs in China's wood product industry. The assessment covers the business model of SMEs in China's wood product industry, the direct incidence of the EU timber regulation and the financial, economic and societal impacts of the regulation on these SMEs.

The term 'SMEs' in the report is defined in light of the standards in *the Circular of the Ministry of Industry and Information Technology*, *the National Bureau of Statistics*, *the National Development and Reform Commission and the Ministry of Finance on Issuing the Provisions on Classification Standards for Small and Medium - sized Enterprises* on 18 June 2011. The Circular classifies enterprises into large, medium, small and micro sizes against certain indicators including business population, business income and total assets when the industrial characteristics are also taken into account. The SMEs in China's wood product industry in the report refers to the enterprises whose staff is fewer than 1 000 people or business income is less than RMB 400 million yuan. Amongst them, a medium - sized enterprise has a staff of at least 300 people and its business income is not less than RMB 20 million yuan, a small enterprise has a staff of at least 20 people and its business income is not less than RMB 3 million yuan, and a micro enterprise's staff is fewer than 20 people or its business income is below RMB 3 million yuan.

0. 1 Some Stylized Facts about SMEs in China's Wood Product Industry

0. 1. 1 SMEs play a crucial part in China's wood product industry. In 2008, totally there were 127 928 wood product enterprises in China, including 125 485 SMEs, accounting for 98. 07% of the total. The total value of industrial output generated by all enterprises was RMB 1 684. 682 billion yuan, including RMB 1 262. 776 billion i. e. 74. 96% generated by SMEs. The total employment of the wood product industry was 5. 364 million people,

Shennong
Series

among which 4. 857 7 million people were working for SMEs, accounting for 90. 56%. In terms of different sectors, 99. 91% of the enterprises were SMEs engaged in plywood, which generated 90. 67% of the total value of industrial output and employed 97. 13% of the total employment. The proportions of SMEs on wooden flooring were slightly lower than those on plywood, taking up 99. 55%, 83. 32% and 94. 95% respectively of the total number of enterprises, the total value of industrial output and the total number of employees. SMEs on paper and pulp accounted for 99. 36% of the total number of enterprises, 77. 44% of the total employees and 51. 48% of the total value of industrial output.

0. 1. 2 SMEs also play a key role in the exportation by China's wood product industry. In 2008, there were 4, 041 export enterprises, including 3 854 SMEs which accounted for 95. 37%. The delivery value of exports generated by the wood product industry was RMB 177. 547 billion yuan, 68. 05% of which, viz. RMB 120. 814 billion yuan, was generated by SMEs. There were 361 plywood exporters, who gained a delivery value of exports of RMB 14. 822 billion yuan and the SMEs accounted for 98. 34% and 89. 38% of the two numbers respectively. There were 89 wooden flooring exporters, 93. 26% of which were SMEs, and their delivery value was RMB 5. 072 billion yuan, and 82. 31% of which was gained by SMEs. There were 187 paper and pulp exporters who produced a delivery value of RMB 17. 024 billion yuan, although 74. 87% of which were SMEs, they only contributed 5. 46% to the total delivery value.

0. 1. 3 The wood material sourcing characteristics of the exported oriented SMEs in China's wood product industry. In terms of raw materials, the Chinese SMEs mainly use fast - growing wood from both domestic sources and imports. The raw materials from domestic source are mainly purchased on the wood market, purchased in locations of origin by contracted agents or supplied by their own material plantations. The imported wood is obtained from procurement directly on the wood market, imports by contracted wood importers, purchases from specific producing and processing enterprises or supplies by their own material plantations. Many plywood exporters use domestic fast‑growing wood as raw materials for base boards while some others use imported wood. The flooring exporters are mainly exporting composite laminate flooring and reinforced wooden flooring while the enterprises engaged in solid wood flooring rarely export their products. Many base boards of the composite laminate flooring are made of domestic raw wood and some are made of imported wood, while the surface veneers are mainly made of imported wood. The paper and pulp sector uses both imported and domestic raw materials: the enterprises applying modern technology mainly rely on the imported raw materials of wood pulp and waste paper, while the traditional paper mills mainly use the domestic raw materials.

0. 1. 4 The product marketing characteristics of the exported oriented SMEs in China's wood product industry. Most of SMEs in China's wood product industry are selling their products as Original Equipment Manufacturers (OEMs) under the buyers' brand names, but still a few SMEs are selling products under their own brand names. The OEM production is usually executed in three cases, in which SMEs accept the orders directly from foreign retailers or overseas purchasers or they manufacture the products for the enterprises who accept the orders. Generally, there are very few SMEs exporting products under their own brand names and such marketing practice is still in a pioneering and expansion stage. Specifically, SMEs using their own brand names mainly supply products to foreign retailers and/or develop their own marketing networks abroad. The plywood sector and the wooden flooring sector often apply the OEM production while the paper and pulp sector export products under their own brand names for most of the cases.

0. 2   The Direct Incidence of the EU Timber Regulation on SMEs in China's Wood Product Industry

0. 2. 1   The implementation of the EU timber regulation will have direct impacts mainly on SMEs in China's wood product industry. It is estimated that a total of 1 507 enterprises including 1 453 SMEs or 96. 42% of them are prone to the direct impacts of the new EU timber regulation. Meanwhile, a total of 396 098 employees may be directly affected by the regulation, among which 302 829 or 76. 45% are working in SMEs. In terms of the sizes of enterprises, the medium - sized enterprises may be exposed to the greatest impacts. Among all the directly affected SMEs, there are 860 medium - sized enterprises, accounting for 59. 2%, while among the affected employment, 249 182 employees or 82. 3% are from the medium - sized enterprises.

0. 2. 2   Most of the SMEs prone to the direct impacts of the EU timber regulation are from the plywood sector while few from the paper and pulp sector. As added up, 79 SMEs in the plywood sector may be directly affected, accounting for 97. 5% of all the enterprises in this sector, 70 SMEs in the wooden flooring sector may be affected, accounting for 93. 3% of the whole sector, and 20 SMEs in the paper and pulp sector may be affected, accounting for 74. 1%. Considering the size, there is a half - half share between the medium - sized enterprises and the small and micro enterprises in the paper and pulp sector affected directly by the regulation, while it will affects most of the medium - sized enterprises in the wooden flooring sector and the plywood sector, which account for 74. 3% and 70. 9% respectively of the directly affected SMEs.

0. 2. 3   SEM employees in the paper and pulp sector will be mostly directly affected by the EU timber regulation while fewest in the plywood sector will be affected directly. A total of 22 667 SME employees in the paper and pulp sector may be prone to the direct impacts, accounting for 66.5% of the total business population in the sector; 15 588 SME employees in the wooden flooring sector or 88.8% of the total business population in the sector may be directly affected, and 14 146 SME employees in the plywood sector or 81.2% of the total may be affected. Regarding the size, most of the affected employees in the paper and pulp sector are working in the small and micro enterprises, i.e. 17 509 people accounting for 77.2% of the total business population in SMEs of the sector, while most of the affected employees in the wooden flooring sector and the plywood sector are working in the medium-sized enterprises, accounting for 93.0% and 89.5% respectively of the total business populations in SMEs of the two sectors.

0.3   The Financial Impacts of the EU Tim ber Reg ulation on the SMEs in China's Wood Prod uct Ind ustry

0.3.1 The potential countermeasures likely to be adopted by the SMEs in China's wood product industry in response to the regulation and the potential costs are examined. The wood enterprises in China may have two options to ensure the legal sources of their raw materials: they can use FM (Forest Management) certified wood, which usually is 10%~30% more expensive than those uncertified wood and thus will lead to an increase by 3%~24% in the product costs; otherwise, they can use the verified legal timber. The legality verification for domestic wood may cause a slightly increased cost estimated to be 2%~5% higher in the unit price of domestic wood materials and thus will possibly lead to an increase by 0~4% in the product costs. The legality verification may lead to a 5%~10% increase in the unit price of imported wood and thus a rise by 0~8% in the product costs. The wood enterprises may have two options to ensure the traceability along their supply chain: they can apply the Chain-of-Custody (CoC) certification for forest enterprises or provide an all-conditioned traceability system along their production and marketing processes, with the estimated increases of 1% ~ 5% and 0.4%~2% in the product costs respectively.

0.3.2 The product costs of enterprises will be increased in different ranges when they apply different combined countermeasures to meet the requirements of the new regulation. When an enterprise purely employs the forest certification measures, i. e. the FM certified wood plus the CoC certification, it will bring about a rise by 4.0% ~ 29.0% in the product costs. When it applies the verified legal timber and an all – conditioned self – run traceability system, the cost increase can be controlled below 6.0%. However, the increased product costs are inevitable whatever measures the enterprises adopt. Comparing the costs, it is an effective approach to control the costs of Chinese enterprises to meet the new requirements by providing an efficient and well – designed legality verification system and encouraging enterprises to run their own traceability system.

0.3.3 There are different costs to be paid by SMEs in different sectors in the wood product industry to meet the requirements. The different costs attribute to the share of costs for raw material in the product costs, the proportion of imported wood used, the diversity of wood materials used in the products, the complexity of production and marketing processes, and other features of different sectors. Applying the higher – standard forest certification may bring about a smaller ascent between 4.0%~17.0% in the product costs in modern paper and pulp sector, while bigger rises in the product costs in other sectors, i. e. by 9.0 ~ 27.0% in composite laminate flooring, 8.0% ~ 27.0% in traditional papermaking, 8.0% ~ 26.0% in plywood and 7.0 ~ 25.0% in reinforced wooden flooring. Application of verified legal timber and a self – run traceability system may lead to the biggest rise in composite laminate flooring, i. e. 2.4%~6.0% and the cost increases in other sector will be 1.27%~4.8% in modern paper and pulp, 2.0%~5.6% in traditional papermaking, 1.8%~5.2 % in plywood and 1.5%~4.6% in reinforced wooden flooring.

0.3.4 The EU timber regulation may have more negative impacts on SMEs of smaller scales by increasing their product costs disproportionally. No matter higher–standard option or ordinary measure is applied, the regulation may lead to far more cost increases in micro and small enterprises than in medium–sized enterprises. Taking the plywood sector for example, applying the FM+CoC option may lead to increased product costs in micro, small, smaller medium – sized and bigger medium – sized enterprises respectively by 20.0%~26.0%, 16.0~22.0%, 12.0~18.0% and 8.0%~14.0%, and the application of wood legality verification plus an all – conditioned traceability system run by the enterprises themselves may lead to increases in product costs in the SMEs of above sizes respectively by 3.9%~5.2%, 3.2%~4.2%, 2.5%~3.5% and 1.8%~2.8%. The differentiation in the ranges of cost increases caused by the sizes of enterprises also exists in other sectors such as wooden flooring and paper and pulp. Nearly all micro enterprises and 30.0%~50.0% of small enterprises are not able or willing to afford the one–off investment required by forest certification, or even when they can afford the one – off investment but they will need to face the high allocated cost in the unit product because of their small size, and the proportions of micro, small, smaller medium – sized and bigger medium – sized enterprises likely to adopt the FM+CoC option are respectively close to zero, 10.0%~30.0%, 20.0%~50.0% and 50.0%~80.0%. On the other hand, the legality verification and a self–run traceability system require less one–off investment, which will not constitute a difficult threshold for the enterprises to meet the regulation. In addition, large–scale enterprises in particular the large–scale transnational enterprises may offset the increased product costs resulted from the rising price of wood materials by extending their industry chain and allying with the enterprises producing wood materials, which is generally an impossible option for SMEs. At the same time, the new EU timber regulation may increase risks and uncertainties in both the raw material market and the product market for SMEs.

0. 3. 5 The response to the regulation may bring some positive effects on the finance of SMEs in China's wood product industry. Certified products may bring extra premium price to be paid by consumers and the SMEs in China's wood product industry may receive a 6%~8% premium price from the EU market for their certified wood and wood products. In terms of products in lesser demand for consumption, the increased cost may embody in the consumer price more easily and thus the sale price will be on a simultaneous rise, which is estimated to be in a restrictive range of 0~4%. The new EU timber regulation is viewed as a market barrier. The SMEs in China are likely to expand their exports to the EU market and increase their market shares if they can overcome the barrier. The economies of scale brought about by the expansion of production and marketing may reduce the mean product cost by 0~1%. Synthetically, the application of FM+CoC option will increase the sale price or reduce the product cost by 7. 4%~12. 2%, while the application of legality verification combined with a self – run traceability system will increase the sale price or reduce the product cost by 0. 8%~2. 3%.

0. 3. 6 The positive effects of the response to the regulation on SMEs' finance may vary in different sectors. When the higher – standard option of forest certification is applied, the positive effects may be reflected to the most extent in 11. 2%~12. 2% of the traditional papermaking sector while be shown at smaller proportions of 9. 0%~10. 0%, 8. 9%~9. 9%, 7. 4%~8. 6% and 7. 8%~8. 8% respectively in the composite laminate flooring sector, the reinforced wooden flooring sector, the plywood sector and the modern paper and pulp sector. When the wood legality verification combined a self – run traceability system is applied, the positive effects may be reflected at larger proportions of $1.7\% \sim 2.3\%$ and $1.6\% \sim 2.2\%$ separately of the reinforced wooden flooring sector and the traditional papermaking sector and at smaller proportions of $1.2\% \sim 1.8\%$ and $1.0\% \sim 1.6\%$ respectively of the composite laminate flooring sector and the plywood sector while at the smallest proportion of only $0.8\% \sim 1.4\%$ of the modern paper and pulp sector.

0.3.7 The integrated impacts of the new EU timber regulation on SMEs' finance will vary due to the different effects of their reactions to the regulation.
Either a higher – standard or ordinary option is adopted, the positive effects on some enterprises may overweigh the negative impacts in increasing the costs, so it will improve the profit ability of an enterprise other than deteriorate its financial conditions when it is a SME with lower costs but better effects in meeting the requirements of the regulation. Nevertheless, there are still many options besides the higher – standard measure and the ordinary measure mentioned, which will bring an increased cost between those ranges of rising costs brought by the above two measures. Meanwhile, they vary greatly, so different sectors and enterprises of different sizes can choose appropriate options based on the real conditions and their expectations for the future, in order to mitigate and minimize the negative impacts of the regulation on them. However, as a whole the positive effects potentially brought about by the regulation may overweigh those negative impacts in increasing the costs. Meanwhile, the impacts of the regulation in increasing the costs may rapidly decrease as the scale of enterprises enlarges. Either the higher – standard option or the ordinary option will have far more impacts in increasing costs on the micro and small enterprises than the smaller or bigger medium – sized enterprises. It implies that most of the SMEs in China's wood product industry will suffer from the further worsened financial conditions after the implementation of the new EU timber regulation. Deducting the positive effects of the regulation, the adoption of forest certification may possibly bring some negative impacts to most of the SMEs which are

Shennong
Series

equivalent to an increase by $5\% \sim 15\%$ in the product costs while the application of legality verification combined with a self – run traceability system may bring an equivalent increase by $1\% \sim 9\%$ in the product costs.

0.3.8 The negative impacts of the regulation may be piled up and magnified as the operating environment of SMEs in wood product industry is further deteriorated. Compared with 2008, SMEs in China's wood product industry had to pay notably more for the costs of raw materials and labour payrolls as well as extra export costs caused by the appreciation of Chinese currency (RMB) in 2011. The price of raw materials including raw wood and sawn timber increased by $10\% \sim 30\%$, the payment for production – line workers in wood enterprises generally doubled, and the accumulative appreciation value of RMB was up to 6. 6%, so the three factors together made the mean export cost of a unit product rise by around $20\% \sim 40\%$. Therefore, the negative impacts of the regulation may be piled up and magnified under such a context of a further worsened operating environment for SMEs in wood product industry.

0.3.9   There is limited room for generating surplus in Chinese wood enterprises, but they still show their capabilities of cost absorption. In 2008, the profit rates of costs in the three sectors of wood processing and wood, bamboo, rattan and palm fibre manufacturing, wooden furniture, and paper and paper products fluctuated in a range between 3. 5% and 6%. In terms of sectors, the profit rate of costs in wood processing and wood, bamboo, rattan and palm fibre manufacturing was on a rise from 4. 84% in 2008 to 5. 89% in 2011 and the average annual increase was 5. 28%. The profit rate of cost in paper and paper products fluctuated dramatically at an average annual increase by 5. 42% and that in furniture manufacturing was also on a rise from 3. 53% in 2008 to 5. 03% in 2011 at a mean annual increase by 4. 29%. It is obvious that the room for surplus generation in Chinese wood enterprises has been limited;

however, they are still well capable of absorbing the rising production costs in an adverse operating environment.

0. 4　The Economic Impacts of the EU Timber Regulation on SMEs in China's Wood Product Industry

0. 4. 1　The application of the EU timber regulation may push forward the industrial transformation and upgrading in China's wood product industry. Due to the different affected scopes of the regulation on different inputs in China's wood product industry, it may push SMEs to make technological progress to minimize the negative impacts in meeting the regulation, which may consequently urge the industrial transformation and upgrading in China's wood product industry. In the case of capital intensive transformation, the average employees at per unit enterprise assets (i. e. RMB 10 000 yuan) will go on descending in a speedup and the industry may make rapid progresses in mechanization and automation. In the other case of science and technology intensive transformation, enterprises engaged in scientific and technological research and development (R&D) will further remarkably increase, patents and new products will be rapidly developed, and the investment in the R&D of new products and technical improvement will also be swiftly added, which together will improve the holistic technical intensity across the industry.

0. 4. 2　The application of the regulation may lead to more large and medium - sized enterprises in China's wood product industry considering the size distribution. The impacts of the regulation vary significantly among enterprises of different sizes. It will have more adverse impacts on smaller enterprises while fewer on larger ones, so it may make bigger medium - sized enterprises readjust their business scale in a relatively active way in response to the regulation while small and micro enterprises and partial medium - sized enterprises may give up the EU market or even quit the wood product industry.

Shennong
Series

Consequently, the Chinese exporters of wood products will tend to be mainly large and medium – sized enterprises and the size distribution may further turn to large and medium – sized enterprises, so the average enterprise size of all sectors will be enlarged.

0. 4. 3   The implementation of the regulation may arouse changes in the sourcing and sales practices of the SMEs in China's wood product industry. The requirements towards legal source of wood and traceable production and marketing processes prescribed by the new EU timber regulation have different impacts on the souring and sales practices of different wood enterprises. When the option of legality verification is adopted, the range of unit price increases of domestic wood materials will be smaller than that of imported materials. For enterprises using imported wood materials, it is more advantageous to use wood materials from Europe, USA and other developed countries to ensure the legality and traceability along the production and marketing processes. The more unorganized sourcing practice is conducted, the more difficult it is to track the wood materials. For enterprises engaged in export sales, it is obviously easier to ensure to traceability of wood products by directly selling their products or establishing a stable partnership with a certain distributor than applying unorganized marketing strategies. As a result, the implementation of the regulation may abate the enterprises' dependence upon the imported wood materials and then they may turn to use more materials imported from developed countries. It may reduce the sourcing from purchases on wood markets but increase the wood purchases from reliable partners. Moreover, it may decrease the production as OEMs but lead to more attempts in directly selling products under the enterprises' own brand names.

0. 4. 4   The regulation will make changes take place in the industry chain of China's wood product industry and its associated industries. The industry chain of wood product exporter may become more and more compacted. Some SMEs may extend forwards and backwards from the current link of wood processing to be comprehensive and multifunctional enterprises involving the whole industry chain. Some SMEs may establish stable partnerships with suppliers of raw materials and product distributors or even ally with them closely. Meanwhile, the proportion of purchases on the wood market may be decreased or there may even appear a dualistic sourcing pattern under which only the wood processing enterprises purchase raw materials from the wood market while those dealing with exports obtain raw materials from their self – owned plantations or purchase raw materials from long – standing suppliers. At the same time, purchasers of exported products may fade away while the direct marketing may increase.

0.4.5 The regulation may have impacts on the clustering and the geographic distribution of wood enterprises in China. The pressures of increased costs caused by the new EU timber regulation will make SMEs consider more about the transportation costs, the local research capacity in developing wood products and supportive advantages, the investment environment and the average service standard when choosing site locations. It is assumed that more and more Chinese exporters of wood products will move to the coastal east of China in particular the industrial clusters in eastern China while the material – based manufacturers dependent on domestic wood materials will increasingly move to the places of origin of raw materials after the implementation of the EU timber regulation. Therefore, it can be presumed that a larger part of wood enterprises will still remain in the east, more and more of which will turn to be exporters, while there will be increasing wood processing enterprises in the central and the west, however, most of which will be processors reliant on domestic wood materials and SMEs selling products on domestic market. In terms of sectors, the plywood sector is possibly clustered in places of origin of raw materials in the central and the west, while the paper and pulp sector will increasingly turn up as large

Shennong
Series

enterprises engaged in production and thus they will still be scattered throughout.

0. 5   The Societal Impacts of the EU Timber Regulation on SMEs in China's Wood Product Industry

0. 5. 1   The implementation of the EU timber regulation may further decrease the employment opportunities in SMEs in China's wood product industry and thus may cause to the issue of re – employment for partial older employees. The capital and labor force substitution in SMEs after the implementation of the regulation may further reduce the employment opportunities. The retreat of partial SMEs from the export market or even the wood product industry will abate the business population in the wood product industry to a worse extent. The lower intensity of labor and worse working conditions which are common in SMEs lead to such a situation that most of the migrant workers working in these SMEs are as old as 35 or above. If 80% of these older workers lose their jobs, it will be needed to tackle the issue of re – employment for 24 224 older workers in China's wood product industry as a whole, including 1 248 from the wooden flooring sector, 1 128 from the plywood sector and 1 816 from the paper and pulp sector.

0. 5. 2   The regulation may undermine the spin – off effects of SMEs in China's wood product industry in increasing farmers' income. The implementation of the new regulation will reduce the room for making profit by SMEs in wood product industry and thereby will decrease SME owners' business income. The payment for in – work workers after the implementation may increase, but there is a possibility that job cuts or retreats of some enterprises after the implementation will dramatically reduce some working workers' pay. Based on an annual pay of RMB 30 000 yuan per capita (viz. the monthly pay of RMB 2 500 yuan), the total annual loss of pay for all laid – off workers in China's wood product industry will be up to RMB 900 million yuan, including losses of RMB 46.8 million yuan in the wooden flooring sector, 42.3 million yuan in the plywood sector and 68.1 million yuan in the paper and pulp sector. In general, the implementation of the new EU timber regulation will likely undermine the overall contribution of SMEs in China's wood product industry to the income increases of farmers.

0.5.3 The implementation of the regulation and the consequent reaction may improve the working conditions for employees in SMEs in wood product industry. The implementation will accelerate the process of capital and labor force substitution in SMEs as the operating environment of the industry changes. As mechanization and automatization improved in the wood product industry, the labor intensity in SMEs may be reduced and the working conditions and facilities for production – line workers may be further improved. However, the training costs may increase in order to equip them with needed knowledge and skills, otherwise, risks of industrial accidents and injuries will go up. Meanwhile, the standardized management of production and marketing processes may help improve various labor security systems and measures in SMEs. Nevertheless, the decreased profits of enterprises may affect their capability in ensuring labor security.

0.5.4 In case of uncontrolled negative impacts caused by the implementation of the regulation, the risks in securing communities of industrial clusters will increase. Paper and pulp enterprises in China are not clustering obviously while the other two sectors of plywood and wooden flooring are. In localities of SME clusters in China, considering the important role the wood product industry plays in local economy, the impacts of the regulation will be focused and magnified. When the value of outputs in the wood product industry reduces by 5%, the local economic growth may decrease by over 2%. When the amount of profit taxes by the wood product industry reduces by 5%, the revenue of many clustering localities will decrease by more than 1.5%. In addition, changes will take place in employment mainly in such industrial clusters. As a result, once the implementation of the regulation arouses uncontrolled negative impacts, the pressures in safeguarding a stable society will be added.

0.5.5 The regulation will help improve SMEs' awareness of environmental protection. The environmental awareness of SMEs in China's wood product industry is lame. According to a survey among 73 enterprises, 81% or 59 of them knew about the amended Lacey Act while only 33% or 24 of them knew about the new EU timber regulation. Now that China is a big power in processing and manufacturing wood products in the world, the environmental awareness of SMEs in China's wood product industry will not only have impacts on its domestic resources and environment but also on the conservation of resources and environment at global scale. The process of learning, understanding and meeting the requirements of the new EU timber regulation will serve as a process for deepening SMEs' environmental awareness.

0.5.6 The regulation will help enhance the social responsibility of SMEs in China's wood product industry. The implementation will involve more and more capable SMEs in forest certification and thus will increasingly facilitate them fulfill the corporate social responsibility in ensuring wood materials from legal source. Once taken into effect, the regulation will impel SMEs in China's wood product industry to conserve wood materials during the usage and reject wood from unknown sources, so it will help combat the illegal logging and associated trades. The regulation may also help improve SMEs' conscience of social responsibility and increasingly involve them in activities of public welfare and philanthropies by attracting more attention to their images and social effects besides business performances.

18

0. 6   Two Extended Discussions

0. 6. 1   The regulation will have more impacts on SMEs in the sector of wooden furniture than those of wooden flooring, plywood, paper and pulp and etc.

This is resulted from the larger direct incidence affected by the regulation in SMEs in China's wooden furniture industry. In China's wood product industry as a whole, the sector of wooden furniture consists of the largest number of enterprises, supplies the most employment opportunities and exports the largest amount of wood products to the EU. Based on the statistics, there were 20 800 SMEs in the sector of wooden furniture in China in 2008, accounting for 99. 79% of the total number of enterprises engaged in wooden furniture and there were 888 400 employees working with these SMEs, accounting for 91. 60% of the total business population in the sector. Amongst them, 1, 141 SMEs were dealing with the exports of wooden furniture, accounting 5. 47% of the total sector, whose delivery value of exports was US $ 40. 605 billion, US $ 13. 248 billion, US $ 4. 175 billion and US $ 23. 975 billion respectively more than those of plywood, wooden flooring and paper and pulp. It can be seen that the affected scope in the wooden furniture industry is larger.

Besides, this sector use comparatively more imported wood materials and the unit price of imported wood will be on a rise because of the regulation and the reaction to meet it, so the financial costs of the sector will be increased to a farther extent. Meanwhile, wooden furniture manufacturing uses more sorts of wood materials and its manufacturing sequences and technical process are far more complicated than the three sectors of wooden flooring, plywood and paper and pulp, therefore, even the SMEs with the same value of output will need to pay much higher costs than SMEs in the other three sectors in business administration and management when developing a self - run traceability system of production and marketing processes.

Thirdly, it is more difficult for SMEs in the sector to adapt to the impacts of the regulation. The regulation will make it harder for SMEs to make technological progresses through the capital and labor force substitution and to save workforce through mechanization and automatization. Smaller SMEs may likely quit the export market or even the wood product industry when they can no longer withstand the impacts of the regulation. Fourthly, SMEs in the wooden furniture industry may face potentially more social risks caused by the regulation. Like the wooden flooring sector and the plywood sector, once uncontrolled negative impacts of the regulation implementation occurred, it would slow down the industrial growth or even cause to zero growth of the wooden furniture sector in the clusters of SMEs, which would have enormous impacts on local economic growth and revenue and thus might increase the pressures and risks in safeguarding the community security. Just in case, meanwhile to the retreats of enterprises from the export market or even the wood product industry, the pressures of reemployment for laid – off older migrant workers will multiple.

0.6.2 The regulation may degrade the contemporary international competitiveness of Chinese wood product on the EU market

The amount and value of trades as well as its growing trend supported that Chinese wood products were very competitive on the EU market. Between 2001 and 2010, the proportion of the EU's imports of plywood from China in the total imported plywood was increased from 1.50% to 25.86%, that of wooden flooring was increased from 14.60% to 52.90% and that of paper and paper products was increased from 5.44% to 19.65%.

However, the timber regulation may have more negative impacts on Chinese wood products than its key rivals on the EU market, because firstly, the number of Chinese enterprises in wood product industry directly affected by the regulation will be much larger than those of its rivals; secondly, Chinese wood product enterprises are highly dependent upon imported wood, which will make it difficult to meet the requirements of the regulation, and thirdly, the business administration in Chinese wood enterprises is poorer and less organized when compared with wood processing enterprises in developed countries, which will lead to higher costs for their response to the timber regulation.

However, China's wood product industry may have a stroke above its major rivals in Southeast Asia in meeting the new regulation, because firstly, China keeps one step ahead of some Southeast Asian countries in R&D and technical improvement for wood products and it can better manage the adverse impacts brought by the regulation through making technical progresses and research and develop new products; secondly, associated industries are well developed in China and together they form better industrial predominance to mitigate the impacts of the regulation with the holistic ascendency of the industry chain; and thirdly, the domestic market is mature and capacious which can help Chinese enterprises readjust the business operations more easily to relieve the negative impacts caused by the regulation through selling products on the domestic market along with exports.

In general, if Chinese wood enterprises cannot achieve ideal effects in responding to the new EU timber regulation, China's wood product industry may suffer from more adverse impacts of the regulation than any other rival on the EU market and Chinese wood products will be less internationally competitive in a short run on the EU market. In contrast, Chinese wood enterprises can mitigate or even offset the negative impacts of the regulation through making technical progresses if they adopt appropriate and effective countermeasures to the regulation and thus Chinese wood products will remain competitive on the EU market.

0. 7 Suggestions

Based on the above assessment on the impacts of the new EU timber

regulation on SMEs in China's wood product industry, potential countermeasures
are proposed as follows:

**0. 7. 1 Awareness raising and training on the EU timber regulation should be
enhanced.** Awareness of and understanding about the regulation lay the
foundation for effective responses. In order to cope with the fact that Chinese
wood enterprises especially a large number of SMEs know little about the
regulation or even are not aware of it at all, the awareness raising and training
will be the first step to take. Meanwhile, specifically thematic training
workshops should be organized for SMEs potentially directly affected by the
regulation to interpret the principles, requirements and possible specific
approaches and measures, in order to provide guidance for them to meet the
requirements.

**0. 7. 2 A practicable and efficient domestic supporting system and a country -
specific wood certification system should be formed.** Since it is a lower - cost
measure to meet the requirements of the regulation, which may likely be
adopted by most of SMEs in China's wood product industry, by providing a
domestic legality verification system and guiding enterprises to form their own
traceability systems of production and marketing processes, the Chinese
government may seriously consider the provision of a domestic supporting
system for enterprises to meet the new requirements based on the VPA
negotiations with the EU. For this, a national wood legality verification
system should be formed at first through reasonable system design and
programming to ensure its convenience and efficiency and ultimately reduce
the costs of SMEs to meet the requirements. Besides, targeting at different
sectors and based on the characteristics of their separate business practices,
guidelines on how to run an all - conditioned traceability system by wood
enterprises should be formulated and circulated to help SMEs in China's wood
product industry meet the requirements. It is important to extend the existing

forest certification at international scale, but it is difficult for the wood product industry of China which principally consists of SMEs due to too high standards and costs. As a result, based on the fact that the majority in China's wood product industry is SMEs, it should be taken into positive account to provide a China - specific forest and wood certification system with NGOs as major players under the mutual support among governments, industry associations and enterprises. Only in this way may it extend the forest and wood certification in the industry in a faster speed, in order to practically and effectively ensure the legality of wood used by Chinese wood enterprises with a holistic view and ultimately achieve the sustainable development of China's wood product industry.

0. 7. 3 A long - term plan for the industrial development and the utilization of wood resources in China should be developed to ensure the national security of wood resources. Although the new EU timber regulation solely highlights the legal source and the traceable production and marketing processes, it will have profound implications on the structure of global wood resources. As a power in producing and processing wood products in the world, it will be an underlying issue for China to maintain the long - standing and stable supplies of wood materials for the long - term development of China's wood product industry. Therefore, it is suggested that the formulation of a long - term plan for the industrial development and the utilization of wood resources in China should be initiated by taking such a good opportunity of the implementation of the timber regulation, aiming at safeguard the national security of wood resources.

0. 7. 4 Guidance on how to actively meet the requirements of the regulation and choose appropriate approaches should be available for enterprises. The implementation of the regulation and the consequent actions taken to meet related requirements will undoubtedly cause adverse impacts on SMEs in China's wood product industry with the rising costs, but in principle its requirements blend in the developing direction of the industry towards sustainability. For this, aiming at the long – term development of an enterprise, it will be a rational choice to meet the requirements. Therefore, authorities and industry associations should encourage and guide enterprises to authentically meet the requirements other than muddling through it for the immediate benefits. Meanwhile, in order to minimize the costs but maximize the effects in meeting the requirements, enterprises should be guided to choose appropriate approaches/measures in line with their own conditions. Powerful large and medium – sized enterprises can be encouraged to apply the higher – standard option of forest certification, while smaller SMEs and even micro enterprises with less strength should be supported and assisted to adopt the suitable option to meet the requirements.

0.7.5 Data collection and analysis should be carried out in time for managing the risks in meeting the requirements. Relevant governmental departments and industry associations should collect and analyze timely data regarding the new EU timber regulation to prepare a plan for risk management. The notable risks include the readjustment of exports in a short time because of the new requirements on exports and changed procedures in the initial stage of the implementation of the regulation, the maintenance of community security and stability in clusters of SMEs in wood product industry due to the concentration and magnification of adverse impacts of the regulation, and the social security and reemployment for the older migrant workers possibly laid off due to the regulation.

0.7.6 Supportive policies and measures should be adopted to improve the ability of enterprises in meeting the new requirements. Governmental departments should increase supportive policies for the wood product industry when reinforcing the currently implemented policies to improve the adaptability of enterprises to the new regulation. First of all, it is suggested that a transitional and differentiated policy for increasing the rate of tax refund on exports temporarily for producers and processors of wood products who use legal wood materials and have a traceable system should be considered. Secondly, the merger and regrouping of enterprises should be encouraged and steered to enlarge the business scale and improve their strength. Thirdly, a plan in support of scientific and technical R&D in wood product industry should be implemented. Finally, a plan supporting the overseas marketing by wood enterprises should be launched.

目　录

图表目录

Shennong
Series

Contents

Shennong
Series

Figures and Tables

2

欧盟新木材法案对中国木材行业中小企业的影响评价 ▶
Figures and Tables ▶

Table 3. 2 Range of rising costs in using different option combinations to
meet the new requirements ·· 28

Table 3. 3 Comparison of rising cost ranges between different sectors: costs
for ensuring the legality of wood materials ························ 30

Table 3. 4 Comparison of rising cost ranges between different sectors: costs
for ensuring the traceability of production and marketing processes ······ 30

Table 3. 5 Comparison of rising cost ranges between different sectors: overall
impacts of rising product costs ·· 31

Table 3. 6 Comparison of rising cost ranges between different business
sizes: overall impacts of rising product costs ···················· 34

Table 3. 7 Positive financial impacts of the regulation on SMEs ············ 36

Table 4. 1 Transformation and upgrading to be capital intensive and the
implications of the new EU timber regulation ···················· 43

Table 4. 2 Transformation and upgrading to be technology intensive and the
implications of the new EU timber regulation ···················· 44

Table 4. 3 Proportion changes of enterprises in China's wood product
industry above the industrial scale and the implications of the new
EU timber regulation ·· 48

Table 4. 4 Changes of average business sizes in China's wood product
industry and the implications of the new EU timber regulation ·········· 49

Table 4. 5 Changes of origins of imported wood materials by China's
wood product industry ·· 53

Table 4. 6 Proportion changes of wood processing enterprises in different
localities and the implications of the new EU timber regulation ·········· 56

Table 5. 1 Business population in SMEs in China's wood product
industry in 2008 ··· 59

Table 5. 2 Implications of the new EU timber regulation on employments in
SMEs in the wood product industry and on income increases
for farmers ·· 60

Table 5. 3 Key industrial clusters of wood processors in China in 2009 ············ 63

Shennong
Series

Shennong
Series

第 1 章　导　　论

1.1　问题的提出

　　世界木材行业快速发展，在满足了经济发展和人民生活需要的同时，也引发了日益严重的违反采伐国法律法规的木材采伐行为（即木材非法砍伐）。根据世界银行的估计，俄罗斯、东南亚国家、巴西以及非洲刚果盆地等非法采伐较为严重的国家，非法砍伐率高达 80%，每年因非法采伐及相关贸易导致的经济损失高达 1 500 亿美元，占全球林产品贸易总额的 10%（世界银行，2006）。而欧洲经济委员会和 FAO 等机构的数据表明，全球非法采伐木材数量占全球木材生产的 20%～40%（UNECE/FAO，2007），非法采伐使得世界范围内的木材价格下跌 7%～16%（AF&PA，2004），非法采伐使得守法经营企业遭受经济损失，而且损害了木材的可持续发展（Hirschberger，2008）。

　　为了抑制木材的非法砍伐活动，2003 年 5 月，欧盟委员会开始实施欧盟森林执法、治理与贸易（FLEGT，Forest Law Enforcement，Governance and Trade）行动计划（European Parliament，2003）。FLEGT 行动计划是以木材产品生产国和欧盟之间的自愿合作协议（VPA，Voluntary Partnership Agreements）为基础的，因此这种协议只能控制从协议签署国进入欧盟的木材产品的合法性，并不能保证经由第三方国家进入欧盟的木材产品也都具有合法性（Expert Group Convened by the European Commission，2007）。为了控制所有进入欧盟木材产品的合法性，欧盟于 2010 年 10 月通过了新木材法案，并于 2013 年 3 月 3 日开始实施。新法案要求所有进入欧盟市场的木材产品都具有合法性，即欧盟 27 国所有的木材生产商和进口商都必须通过 "尽责调查（due diligence）"，以确保所有首次进入欧盟市场交易木材产品的合法性，从而要求所有向欧盟提供木材产品的厂商都必须建立可追溯的供销监管链记录，以支持合法性的验证（European parliament，2010）。

　　进入 21 世纪以后，中国的木材行业发展迅速，目前已经成为世界木材产品市场上最大的生产加工国和贸易国，而且是欧盟市场最重要的木材产品进口国。根据《中国林业发展报告》及《中国造纸工业年报》的统计数据，2001 年至 2010 年间，中国人造板总产量从 2 111.27 万米^3 迅速增长到 15 360.83 万米^3，年均增长 24.7%，2004 年超越美国成为世界最大的生产国。其中，胶合板、纤维板、刨花板的生产量分别从904.5万米^3、570.1万米^{3}和344.5万米^{3}增长到7 139.7万米^3、4 354.5万米^{3}和1 264.2万米^3，分别增长了6.9倍、6.6倍和2.7倍；竹木地板生产量从0.48亿米^{3}增加到4.79亿米^3，增加了9.0倍；木家具生产量从4 998.6万件增长到26 073.0万件，增加了4.2倍；纸浆、纸及纸板生产量分别从2 790万吨、3 200万吨增长到7 318万吨、9 270万吨，分别增长了1.6倍、1.9倍。

在生产能力不断提升的同时，中国已经成为世界木材加工制品最重要的贸易国。据UN COMTRADE统计，2001年至2010年间，中国木质林产品进口总额从102.2亿美元增长到304.8亿美元，增长了1.98倍；原木、锯材和木浆进口额分别从16.9亿美元、9.9亿美元和20.6亿美元增长到60.73亿美元、38.78亿美元和112.35亿美元，分别增长了2.6倍、2.9倍和4.5倍。在此期间，中国木质林产品出口总额从60.8亿美元增长到346.5亿美元，增长了4.7倍；木家具、胶合板、纸及纸制品出口额分别从18.5亿美元、2.4亿美元、14.8亿美元增长到161.6亿美元、34亿美元、95.6亿美元，分别增长了7.7倍、13.2倍、5.5倍。2002年中国原木进口额首次超过日本，成为世界最大的原木进口国，2010年中国原木进口额已占到世界原木进口总额的42.7%；2010年中国锯材进口额超过美国，成为世界最大的锯材进口国，2010年中国锯材进口额已占到世界锯材进口总额的13.5%。2002年中国木家具出口额超过德国、2005年超过意大利成为世界最大木家具出口国，2010年中国木家具出口额已占到世界木家具出口总额的32.6%；2005年胶合板出口额超过印度尼西亚和马来西亚，成为世界最大的胶合板出口国，2010年中国胶合板出口额已占到世界胶合板出口总额的29%。

而且中国是欧盟市场木材产品的重要进口国。据UN COMTRADE统计，2001年至2010年间，欧盟从中国的胶合板进口额从0.14亿美元增长到4.03亿美元，占欧盟胶合板进口总额的比重从1.50%增长到25.86%；欧盟从中国的木家具进口额从3.42亿美元增长到39.43亿美元，占欧盟木家具进口总额的比重从14.6%增长到52.90%；欧盟从中国的纸及纸制品进口额从3.34亿美元增长到19.78亿美元，占欧盟纸及纸制品进口总额的比重从5.44%增长到19.65%。

中国的木材行业具有以中小企业为主的重要特点。根据中国2008年的经济普查数据，中国木材行业共有企业12.79万家（127 928家），其中，中小企业12.55万家（125 485家），占98.09%；全部企业就业人数536.40万人，其中，中小企业485.77

万人，占 90.56%。而且，中小企业在中国木质林产品出口中也占有非常重要的地位，胶合板出口中，中小企业出口额达到 132.48 亿元，占全部胶合板行业出口额的89.4%；木家具出口中，中小企业出口额达到 406.05 亿元，占全部木家具出口额的82.54%；纸及纸制品出口中，中小企业出口额达到 239.75 亿元亿元，占全部纸及纸制品出口额的 48.00%。

世界木材产业的快速发展带来了全球性的非法砍伐问题，欧盟为了抑制非法砍伐而通过了新木材法案，而木材企业以中小企业为主的中国已经成为世界最大的木材产品生产国和贸易国，同时也是欧盟市场木材产品的最重要的进口国。因此，欧盟新木材法案的实施一定会对中国木材中小企业的发展带来显著的影响。本书的目的就是对欧盟新木材法案的实施对中国木材行业中小企业的影响进行事先的评价分析。

1.2 评价内容和方法

1.2.1 评价对象

作为本书评价对象的木材行业，仅指以木材和木纤维为原料的木材加工、木家具制造以及造纸及纸制品产业，不包括生产原木、锯材的木材生产经营和采伐业。而且作为本书直接评价对象的是木材行业中胶合板、地板和造纸三个产业。但是，由于数据的可得性问题，在本书的部分分析中我们不得不采用木材加工及木、竹、藤、棕、草业，木家具制造业和造纸及纸制品业的数据。同时，会在扩展讨论的部分涉及木家具制造业[①]。

本书所指的中小企业，采用 2011 年 6 月 18 日中国工业和信息化部、国家统计局、国家发展和改革委员会、财政部联合印发了《关于印发中小企业划型标准规定的通知》所规定的划分标准。该通知根据企业从业人员、营业收入、资产总额等指标，并结合行业特点，将企业划分为大型、中型、小型、微型四种类型。就本书涉及的木材行业而言，中小企业是指从业人员 1 000 人以下或营业收入 40 000 万元以下的企业。

---

① 按照中国国家产业分类标准，采用 2 位数分类时，木材行业包括在木材加工及木、竹、藤、棕、草业、家具制造业和造纸及纸制品业中；采用 4 位数分类时，在木材加工及木、竹、藤、棕、草业中单立有胶合板制造业，在家具制造业中单立有木家具制造业，而木地板产业则包括在建筑用木料及木材组件加工业和软木制品及其他木制品制造业中（国家统计局，2011b）。本书中木地板产业的数据主要是根据国泰安非上市企业数据库中各企业的主要经营产品分类整理汇总而得。

其中，从业人员 300 人及以上，且营业收入 2 000 万元及以上的为中型企业；从业人员 20 人及以上，且营业收入 300 万元及以上的为小型企业；从业人员 20 人以下或营业收入 300 万元以下的为微型企业（工业和信息化部等，2011）。同时，为了使用统计数据的方便，本书还会使用规模以上企业概念，这是指企业的年主营业务收入在 500 万元以上的企业[①]。

1.2.2　评价内容

本书评价欧盟新木材法案对于中国木材行业中小企业的可能影响。评价的内容主要包括欧盟新木材法案的实施对中国木材中小企业的直接影响范围，以及对中国木材中小企业的财务、经济和社会方面的影响，不包括环境等其他方面的影响。

第一，估计欧盟新木材法案对中国木材行业中小企业的影响范围。根据中小企业在中国木材行业中的地位和中国木材行业出口中小企业的商业模式特点，主要从中小企业的销售市场去向的角度来推算欧盟新木材法案可能影响到的中国木材行业中小企业的数量和比重，并由此推断可能涉及的劳动就业人数及其比重。

第二，评价欧盟新木材法案对中国木材行业中小企业的财务影响。从国际贸易的角度看，欧盟新木材法案合法性的要求属于技术性贸易措施。为了使出口产品满足技术性贸易措施的要求，出口企业进行应对调整需要支付额外的应对成本。应对成本的大小会因为企业所采取的应对方式、企业所在的产业特点的不同而不同。另外，欧盟新木材法案实施后，会使得木材产品的市场竞争状况发生变化，而产品销售价格的提高和市场份额的扩大等则会有利于企业收益的增加。同时，出口企业通过技术进步、管理提升等也能消化吸收部分调整应对成本。因此，评价欧盟新木材法案的实施对中国木材行业中小企业的财务影响，主要是通过对中小企业调整应对成本、销售收益增加的可能性和企业的消化吸收能力分析来判断中小企业财务绩效的变化。

第三，评价欧盟新木材法案对中国木材行业中小企业的经济影响。欧盟新木材法案的实施一方面带来木材产品以及原料和相关产品市场的变化，另一方面使得木材企业的财务状况发生变化。面对财务状况的变化和相关市场环境的变化，中小企业的经济行为将发生相应的调整，从而带来中国整个木材行业的变化。因此，评价欧盟新木

---

① 需要说明的是中国国家统计局从 2011 年起调整了规模以上企业的划分标准，从企业年主营业务收入 500 万元以上提高到了 2000 万元以上（国家统计局，2011a）。但是，由于本书所采用的数据都是 2011 年以前的数据，所以本书所指的规模以上企业仍然是指年主营业务收入在 500 万元以上的企业。

材法案对中国木材行业中小企业的经济影响，主要是分析欧盟新木材法案实施后因为中小企业的经济行为变化所带来的对整个木材产业的经济影响，具体将包括对产业转型升级、产业规模分布、产业购销模式、产业集聚和地区布局等方面的影响。

第四，评价欧盟新木材法案对中国木材行业中小企业的社会影响。考虑到中国木材行业产业具有明显的区域集聚的特点，在社会影响评价中，本书将首先分析应对欧盟新木材法案的企业调整行为对木材中小企业集聚地的可能影响；接着分析欧盟新木材法案的实施及其应对调整对中国木材中小企业的劳动就业的可能影响；并在最后分析欧盟新木材法案的实施是否会对企业的环境保护意识和社会责任产生的影响。

由此可知，欧盟新木材法案对中国木材行业中小企业影响范围的估计是对影响整体状况所作的最基本的描述；财务影响评价则是整个影响评价的基础和核心，而经济影响评价和社会影响评价则主要分析以企业财务变化和市场环境变化为基础的中小企业行为变化在产业经济、区域发展、劳动就业等经济和社会方面的具体体现。

1.2.3 评价方法

由于撰写本书时欧盟新木材法案还没有实施，本书研究属于事先评价。事先评价是一种在假定状况下对可能的潜在影响的评价，所以假定状况的设定本身会对评价的结果产生显著的影响。欧盟新木材法案虽然已经通过并确定于 2013 年 3 月实施，但是法案实施的细则尚没有公布。而法案的具体实施细则对于事先评价的结果客观上又会造成巨大的影响。同时，即使是法案的具体实施细则不变，中国木材行业中小企业所面临的发展环境不同，潜在影响也会有显著不同。

因此，在本书中设定了两个基本的假定：一是假定在欧盟新木材法案实施后，中国木材中小企业主要将面临以下三个问题：①通过合法性认证保证国内生产木材的合法性；②通过进口控制和合法性认证保证进口木材的合法性；③通过建立完备的生产履历制度保证木材生产加工整个产业链的可追溯性。考虑到现有森林认证是符合欧盟新木材法案的要求的，所以在分析中，我们也会将森林经营认证（FM 认证）和企业产销链认证（CoC 认证）作为企业的应对方式，并且认为是比欧盟新木材法案要求的合法性认证更高的应对方式。二是假定欧盟新木材法案实施时，中国木材行业发展所面临的外部环境基本上会延续近几年的发展趋势。

在上述基本假定下，本书主要采取了以下三种评价方法：

第一，统计推断分析。以经济学理论为基础，本书利用现有的统计数据，来推断欧盟新木材法案对中国木材行业中小企业的影响。具体包括对影响范围的推断和估计，对财务影响、经济影响和社会影响方向和程度的判断等。

第二，单因素变化试算分析。单因素变化试算分析是指在假定其他所有的影响因素全部不变的情况下，仅仅分析单一因素变化而带来的结果变化的分析方法。本书在比较不同应对方式、不同产业、不同地区等影响差异时，较多地采用了这种方法。

第三，典型调查案例分析。本书采用现地调查所取得的木材中小企业和木材企业集聚地的案例素材，作为做出分析判断重要依据之一，同时也用来验证和支持统计推断分析和单因素变化试算分析的结果。

1.3　数据资料来源

作为本书分析评价欧盟新木材法案对中国木材行业中小企业影响主要依据的数据资料，主要来源于以下两个方面：

第一，统计数据和研究文献。中国木材行业和企业发展及现状的统计数据主要来自国家统计局、国家林业局、中国造纸协会网站公布的年鉴和年度发展报告，2004年和2008年的两次全国经济普查年鉴数据，江苏省、浙江省和山东省等地方统计局和主管部门的数据，UN COMTRADE数据库的木材产品贸易数据，国泰安非上市公司数据库和国研网统计数据库，以及部分网页新闻报道的数据。其中，中小企业在企业层面的分析判断，主要依据全国经济普查数据和国泰安非上市公司数据库。而现有的研究文献主要包括国际组织和一些民间组织（NGO）等的研究文献。其中，有关中国木材行业中小企业的研究报告，对本书有重要的参考价值。

第二，部门访谈和企业调查。为了完成本项目，项目组在2011年5月至11月间开展了专项调查。调查分为部门访谈和企业调查两部分。在部门访谈中，项目组主要走访了中国国家林业局、中国林业科学院木材研究所、中国林产工业协会、中国人造板专业委员会、中国木材与木制品流通协会、中国造纸协会，以及江苏省林业厅、浙江省林业厅、山东省林业厅、江苏省常州市地板协会和横林镇政府、江苏省邳州市农委和木业协会、浙江省嘉善县农经局和木业协会、山东省临沂市林业局等政府主管部门和行业协会。在企业调查中，项目组分别到江苏省常州市横林镇、江苏省邳州市、浙江省嘉善县、山东省临沂市等木材企业集聚地以及山东省的一些造纸企业进行了实地考察和访谈调查。调查企业共计37家，其中木地板企业10家，胶合板企业20家，造纸企业4家，其他木业企业3家①，所有实地调查企业的基本情况可参照附录。此外，还委托常州市木业协会对横林镇的强化木地板企业开展了问卷调查，收回有效问卷36份。企业调查的数据材料，是本书分析判断极为重要的依据。

1.4　本书构成

本书由六章构成。导论后的第二章将根据中国木材行业中小企业在整个木材行业中的地位和中国木材行业中小型出口企业的商业模式特点，从整体上估计欧盟新木材法案对中国木材行业中小企业的直接影响范围。第三章将从主要企业可能的应对方式和应对成本，欧盟新木材法案引起成本上升的不同应对方式、木材产业和规模企业间的比较，欧盟新木材法案实施引发的销售收入变化，以及企业对成本上升的消化吸收能力等方面，分析欧盟新木材法案对中国木材行业中小企业的财务影响。第四章将从产业转型升级、产业规模调整与产业组织变化、企业购销行为以及产业链的变化、企业集聚与产业空间布局变化等方面，分析欧盟新木材法案对中国木材行业中小企业的经济影响。第五章将从对木材中心企业集聚地的影响、对劳动就业和农民增收的影响、对企业环保意识和社会责任的影响等方面，分析欧盟新木材法案对中国木材行业中小企业的社会影响。最后，在第六章中总结整理主要结论，并在此基础上扩展讨论欧盟新木材法案对中国木家具制造业中小企业的影响和对中国木业中小企业在欧盟市场上的国际竞争力的影响，并在此基础上提出对策建议。

---

① 包括2家木门企业和1家木材加工机械企业。

第2章 欧盟新木材法案对中国木材行业中小企业的直接影响范围

中小企业在中国木材行业中占有很大的比重，也是中国木材产品出口企业的重要组成部分。那么，欧盟新木材法案的实施对中国木材中小企业的直接影响范围到底有多大呢？本章的目的就是想以中国木材行业和企业的统计数据，以及对相关木材出口中小企业调查所得到的有关企业商业模式的数据资料为基础，来推断欧盟新木材法案对中国木材中小企业的直接影响范围。

2.1 中小企业在中国木材行业生产与出口中的地位

2.1.1 中小企业在中国木材行业生产中的地位

中小企业在中国木材行业中占有非常重要的地位。根据 2008 年的经济普查数据，中国木材行业共有企业 12.79 万家（127 928 家），其中中小企业 12.55 万家（125 485家），占全部企业数量的 98.09％；全部企业完成工业总产值 16 846.82 亿元，其中中小企业完成工业总产值 12 627.76 亿元，占 74.96％；全部企业就业人数 536.40 万人，其中中小企业就业人数 485.77 万人，占 90.56％。在中小企业内部，小微企业占到全部企业数量的 88.68％、全部工业总产值的 21.86％和全部企业就业人数的 49.06％，表明微型和小型企业是中国木材行业中小企业中的重要组成部分（表 2.1）。

表 2.1 中小企业在中国木材行业生产中的地位

		全部企业	中小企业合计	中型企业	小微企业
1. 木材行业整体					
企业数量	数量（个）	127 928	125 485	12 035	113 450
	比重（%）	100.00	98.09	9.41	88.68
工业总产值	数量（亿元）	16 846.82	12 627.76	8 944.88	3 682.88
	比重（%）	100.00	74.96	53.10	21.86
就业人数	数量（万人）	536.40	485.77	222.59	263.18
	比重（%）	100.00	90.56	41.50	49.06

Shennong
Series

（续）

		全部企业	中小企业合计	中型企业	小微企业
2. 胶合板产业					
企业数量	数量（个）	20 568	20 550	1 950	18 600
	比重（%）	100.00	99.91	9.48	90.43
工业总产值	数量（亿元）	2 035.76	1 845.78	1 258.64	587.14
	比重（%）	100.00	90.67	61.83	28.84
就业人数	数量（万人）	81.44	79.13	31.50	47.63
	比重（%）	100.00	97.16	38.68	58.48
3. 木地板产业					
企业数量	数量（个）	2 239	2 229	214	2 015
	比重（%）	100.00	99.55	9.56	90.00
工业总产值	数量（亿元）	367.90	306.52	215.68	90.84
	比重（%）	100.00	83.32	58.62	24.69
就业人数	数量（万人）	9.50	9.02	3.87	5.15
	比重（%）	100.00	94.95	40.74	54.21
4. 造纸产业					
企业数量	数量（个）	27 370	27 196	2 204	24 992
	比重（%）	100.00	99.36	8.05	91.31
工业总产值	数量（亿元）	5 088.51	2 619.46	1 960.68	658.78
	比重（%）	100.00	51.48	38.53	12.95
就业人数	数量（万人）	111.68	86.49	43.42	43.07
	比重（%）	100.00	77.44	38.88	38.57

注：①木材行业是指全部全部的木材产品加工制造业。

②中小企业合计是指中型企业与小微企业的合计数。

③中小企业的划分标准参照的中国工业和信息化部等 2011 年发布的划分标准。

④数据来源于 2008 年中国普查数据和国泰安非上市企业数据库。

2008 年，中国胶合板企业总数 20 568 家，完成工业总产值 2 035.76 亿元，就业人数 81.44 万人。中小企业在中国胶合板产业中占有极为重要的地位，中小企业占全部企业数量的 99.91%、全部工业总产值的 90.67% 和全部就业人数的 97.16%，所占的比重全部超过了 90%。而在中小企业内部，就企业数量、完成的工业总产值和就业人数而言，小微企业占全部企业的比重分别达到 90.43%、28.84% 和 58.48%，是胶合板中小企业的主体（表 2.1）。从企业规模分布的情况看吧，企业数量分布集中在营业收入小于 500 万元的企业上，而工业总产值和就业人数则集中分布在营业收入小于 1.2 亿元的中小企业上（图 2.1）。

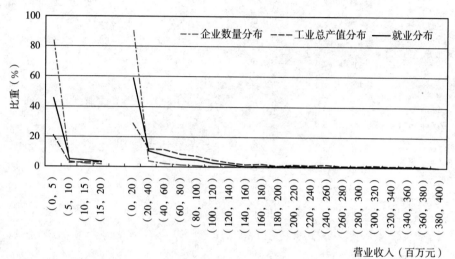

图 2.1　胶合板产业中小企业数量、产值和就业的企业规模分布

注：数据来源于 2008 年中国普查数据和国泰安非上市公司数据库。

2008 年，中国木地板企业 2 239 家，完成工业总产值 367.90 亿元，就业人数 9.50 万人。木地板产业中中小企业所占的比重略低于胶合板产业，分别占全部企业数量、全部工业总产值和全部就业人数的 99.55%、83.32% 和 94.95%，可见中小企业同样是中国木地板产业的主体组成部分。在中小企业内部，小微企业占全部企业数量的 90.00%，占全部就业人数的 54.21%，占全部工业总产值的 24.69%，表明小型和微型企业同样占有重要的地位（表 2.1）。就中小企业的企业规模分布而言，营业收入在 500 万元以上的企业较为集中，而营业收入在 500 万元以上的部分则分布较为均匀（图 2.2）。

2008 年中国造纸企业 27 370 家，完成工业总产值 5 088.51 亿元，就业人数 111.68 万人。从企业数量来看，中小企业占了全部企业数量的 99.36%，且小微企业所占的比重为 91.31%。从就业人数来看，中小企业占了全部就业人数的 77.44%，其中小微企业占全部企业的 38.57%。但是，从完成的工业总产值来看，中小企业仅占了全部工业总产值的 51.48%，其中小微企业只占全部企业的 12.95%。这表明中国的造纸产业呈现出较为显著的大型企业和小微企业共存的格局（表 2.1）。从中小企业的企业规模分布来看，企业数量集中在营业收入在 500 万元以下的企业，而工业总产值和就业人数集中分布在营业收入在 1 亿元以下的企业（图 2.3）。

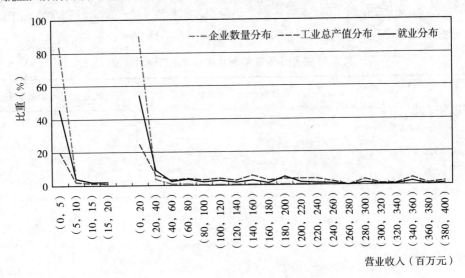

图 2.2　木地板产业中小企业数量、产值和就业的企业规模分布

注：数据来源于 2008 年中国普查数据和国泰安非上市公司数据库。

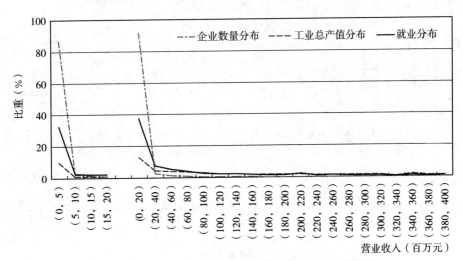

图 2.3　造纸产业中小企业数量、产值和就业的企业规模分布

注：数据来源于 2008 年中国普查数据和国泰安非上市公司数据库。

2.1.2　中小企业在中国木材行业出口中的地位

中小企业在中国木材行业出口中也占有非常重要的地位。根据统计数据，2008 年中国木材行业出口企业 4 041 家，其中中小企业 3 854 家，占 95.37％；木材行业出口交货值 1 775.47 亿元，其中中小企业出口交货值 1 208.15 亿元，占 68.05％。在中小

表 2.2　中小企业在中国木材行业出口中的地位

		全部企业	中小企业合计	中型企业	小微企业
1. 木材行业整体					
出口企业数	数量（个）	4 041	3 854	2 302	1 552
	比重（％）	100.00	95.37	56.97	38.41
出口交货值	数量（亿元）	1 775.47	1 208.14	1 078.31	129.83
	比重（％）	100.00	68.05	60.73	7.31
2. 胶合板产业					
出口企业数	数量（个）	361	355	254	101
	比重（％）	100.00	98.34	70.36	27.98
出口交货值	数量（亿元）	148.22	132.48	125.24	7.24
	比重（％）	100.00	89.38	84.50	4.88
3. 木地板产业					
出口企业数	数量（个）	89	83	62	21
	比重（％）	100.00	93.26	69.66	23.60
出口交货值	数量（亿元）	50.72	41.75	40.16	1.59
	比重（％）	100.00	82.31	79.18	3.13
4. 造纸产业					
出口企业数	数量（个）	187	140	70	70
	比重（％）	100.00	74.87	37.43	37.43
出口交货值	数量（亿元）	170.24	9.30	4.65	4.65
	比重（％）	100.00	5.46	2.73	2.73

注：①木材行业是指全部全部的木材产品加工制造业。
　　②中小企业合计是指中型企业与小微企业的合计数。
　　③出口企业数是指 2008 年有出口交货值数据的企业。
　　④中小企业的划分标准参照的中国工业和信息化部等 2011 年发布的划分标准。
　　⑤数据来源于 2008 年中国普查数据和国泰安非上市企业数据库。

Shennong
Series

企业内部，中型企业分别占了出口企业数和出口交货值的 56.97 和 60.73%，是中国木材产品产品出口的重要组成部分；即使是小型和微型企业也有相当一部分的企业产品出口，分别占全部出口企业的 38.41% 和全部出口交货值的 7.31%（表 2.2）。

胶合板产业出口企业 361 家，出口交货值 148.22 亿元，其中中小企业分别占 98.34% 和 89.38%，可以认为中小企业是中国胶合板出口的主体。而在中小企业内部，中型企业分别占全部出口企业数量和出口交货值的 70.36% 和 84.50%，可见中型企业是最重要的出口企业。小微企业也分别占到了全部出口企业数量和出口交货值的 27.98% 和 4.88%（表 2.2）。从胶合板出口企业的数量来看较为集中地分布在营业收入为 1 000 万元至 1 亿元的中小型企业上，而从出口交货值来看较为集中分布在 2 000 亿元至 3.2 亿元的中型企业上（图 2.4）。

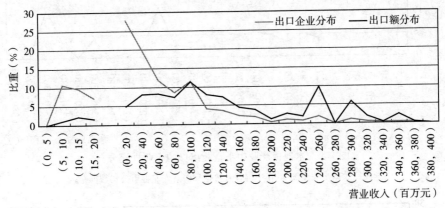

图 2.4　胶合板产业中小企业出口的企业规模分布

注：数据来源于 2008 年中国普查数据和国泰安非上市公司数据库。

木地板出口企业 89 家，出口交货值 50.72 亿元，其中中小企业分别占 93.26% 和 82.31%，中小企业同样是中国木地板出口的主体。在中小企业内部，最重要出口企业是中型企业，分别占全部出口企业数和出口交货值的 69.66% 和 79.18%，小微企业也有部分出口，企业数量虽然占全部出口企业的 23.60%，但出口交货值只占到 3.13%。从木地板产业中小企业产品出口的企业规模分布来看，企业数量较集中在营业收入在 500 万元至 2 亿元的中小企业上，但出口交货值较为集中地分布在营业收入在 2 000 万元以上的中型企业上（图 2.5）。

造纸产业出口企业 187 家，出口交货值 170.24 亿元。虽然有出口的中小企业数量占全部出口企业的 74.87％，但是出口交货值仅占全部出口交货值的 5.46％，因此中小企业并非中国造纸产业出口的主体。但是造纸产业的出口仍然涉及中小企业，即使是小型和微型企业仍然占到出口企业总数的 37.43％（表 2.1）。从造纸产业中小出口企业的规模来看，出口企业数量较为集中分布在营业收入 500 万元至 1.4 亿元的中小企业上，而出口交货值较为集中分布在营业收入在 2 000 万元至 1.4 亿元的中型企业上（图 2.6）。

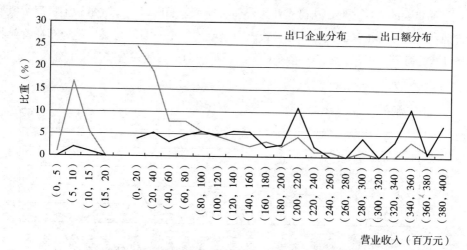

图 2.5　木地板产业中小企业出口的企业规模分布

注：数据来源于 2008 年中国普查数据和国泰安非上市公司数据库。

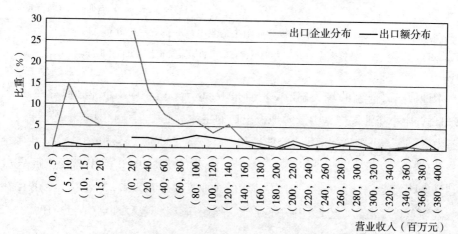

图 2.6　造纸产业中小企业出口的企业规模分布

注：数据来源于 2008 年中国普查数据和国泰安非上市公司数据库。

2.2 中国木材行业中小型出口企业的商业模式

商业模式通常是指商业经营中产品流、服务流和信息流的框架结构，通过对不同的商业参与者以及他们所扮演的角色的描述，指出商业经营的潜在利益和收入来源（Timmers，1998）。也有人认为企业的商业模式需要考虑战略、组织架构、交易过程、价值链和核心竞争力，目的在于表达企业的商业逻辑（Osterwalde等，2005）。在评价欧盟新木材法案对企业的影响时，我们将主要从企业物质流的角度来概括木材出口中小企业的商业模式，即主要从木材中小型出口企业的原材料来源和产品销售去向这两个方面来分析企业的商业模式特点。

2.2.1 中国木材中小型出口企业的原材料采购特点

由于自 20 世纪 90 年代末以来，随着中国天然林保护工程等的实施，中国国内的原木产量增长缓慢。除了胶合板等板材行业较多地采用国内的杨树、桉树等速生材之外，中国木材出口中小企业的木材原材料主要依赖进口（图 2.7）。

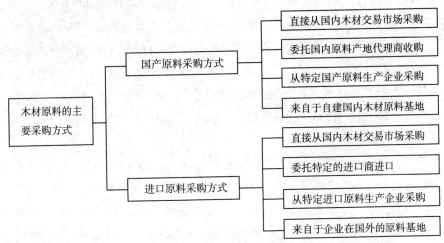

图 2.7 中国木材中小企业木材原料的主要采购方式

注：根据企业调查材料归纳整理。

进口原料通常也有四种主要采购方式：①直接从木材交易市场采购。与国内木材原料一样，直接从木材交易市场上采购获得，特别是规模相对较小的企业更多地采用这种采购方式。②委托特定的原料进口商进口。有一部分企业从保障木材原料质量和稳定供应的角度出发，采用这种方式采购国外进口的木材原料。通常情况下，对国外木材原料有特殊要求的企业会较多地采用这种采购方式。③从特定的生产加工企业采购。当国外进口的木材原料需要在国内再加工处理时，例如一些面板原料，如果企业对木材原料有特定要求，会较多地采用这种采购方式。④来自于自建的海外原料基地。只有极少部分的企业在做这样的尝试，主要是为了降低国外木材原料的进口成本和保障稳定供应。

由于各个产业所采用的原材料不同，所以不同产业的中小型出口企业在木材原料来源和木材原料采购上也呈现出不同的特点。

中国胶合板出口企业中，大部分企业采用国内速生材作为基材原料，如我们调查的江苏省邳州市、山东省临沂市的企业；也有部分企业采用国外进口的速生材作为基材原料，如我们在浙江省嘉善县看到的企业。例如，A1 企业的经营产品范围包括胶合板系列、木工板系列、装饰贴面板系列和石膏板系列四个系列几十个品种，原材料进口比重约占全部原材料的 10%，进口原料经由特定的经销商从张家港运过来，国内木材原料主要是直接从当地的木材交易市场购买①。A2 企业主要生产全杂木胶合板、多层板、建筑模板、LVL 等产品，产品以出口为主，基材原料以国内速生材为主，主要通过木材交易市场购买获得，而面板木材原料则主要通过进口获得。A3 企业以生产面板为主，其作为面板的表皮是从浙江省和上海市的特定企业购买的优质进口木材原料，成型的面板纸从山东省临沂市和江苏省的生产厂家购买。A4 企业是专业生产胶合板的较大型的私营企业，企业所需原料主要是间接进口，从加工公司购买半成品，这些加工公司的木材原料主要来源于巴布亚新几内亚，同时企业在东北拥有经过FSC 认证的林业基地。

中国木地板的出口企业主要可分为复合木地板企业和强化木地板企业②。复合木地板企业的基材以国内原材料为主，也有部分采用国外进口的原材料；而复合木地板的表皮材料则基本上依赖国外进口。强化木地板企业的基材主要是国内生产的纤维板，而表皮纸也是国内印刷生产的。例如，B1 公司是国内专业从事强化木地板生产的企业，其基材原料以国内速生杨和桉树为主，主要来自广东、广西、安徽、江西和河

---

① 本书在采用企业案例时，采用被调查企业的编码，各编码企业的基本情况请参看附录。下同。

② 实木木地板企业由于基本上没有出口，所以本书基本上不分析实木木地板企业的状况。

南等地。A1 企业现拥有胶合板生产线 16 条，高档贴面板 6 条，同时有环保型实木复合地板生产线 2 条，其胶合板和木地板基材的原料主要来自国内速生材，占 90% 以上，只有很少部分从俄罗斯、东南亚和北美地区国家进口，其木地板表皮以进口为主。B4 企业目前拥有 17 条生产线，主要生产加工高档复合木地板和异形板，年加工能力为 7 万～8 万米^3。原料以国内速生杨为主，来源主要有三，①与 10 多个村委会签约建立了近 200 公顷的速生杨种植基地；②企业自身种植速生杨 20 余公顷；③从河南等产地委托采购。A2 企业具有实木复合地板年生产能力 200 万米^2，同时还设有基板、面板、坯料一体化生产线，胶合板、装饰面板年生产能力 2 万米^3，原料均从北美洲、欧洲、南美洲、非洲及东南亚等地进口，采用委托特定进口商进口的方式，并从原料环节开始实施了全程质量控制。

造纸出口企业的原料包括国内原料和进口原料，以进口原料为主，其中进口原料主要是木浆和废纸。例如，C1 企业是一家以生产经营瓦楞纸、高强瓦楞纸和卫生纸为主的造纸企业，所需原料主要是废纸，每天的需求量在 140 吨左右，主要来自国内的周边地区，由于用于生产瓦楞纸和高强瓦楞纸，所以对于废纸的质量和纯度要求不高。C2 企业是一家主营文化用纸的造纸企业，原料也主要来源于国内的附近地区，主要包括下脚料、枝丫材、木片、麦草等，但也有部分进口木浆，主要通过委托进口商的方式的进口，主要进口来源地是智利、芬兰、美国、加拿大等，其中从加拿大的进口量最大。C3 企业是一家年生产能力 13 万吨的特种纸生产企业，原料主要是木浆和废纸，比例接近 1∶1，主要依赖进口，木浆主要是从智利、俄罗斯、日本、美国、加拿大等国进口，其中智利占全部进口量的 30%～40%，俄罗斯约占 20%。对废纸的需求量每年约 8 万吨，进口部分超过 50%，主要来自美国。

2.2.2 中国木材中小型出口企业的产品销售特点

中国木材行业中小型出口企业的产品销售大部分采用 OEM 的方式，即接受国外订单的贴牌生产方式，只有少部分的企业采用自己的品牌销售（图 2.8）。

在贴牌生产 OEM 方式中，通常又可区分为以下三种形式：①直接接受国外零售商的订单，即中国木材中小企业直接向国外零售商供货；②接受国外采购商的订单，即国外零售商为了回避产品质量和售后服务等方面的风险，不是向中国木材中小企业直接下订单，而是通过中间人担任的采购商向中国木材加工企业下订单。根据我们的企业调查，在木地板等产业中，这已经成为普遍流行的出口销售形式；③为接受出口订单的企业代为加工的方式。这种方式在规模较小、自己不具备出口经营资质或者生产能力并不饱和的企业中比较常见。

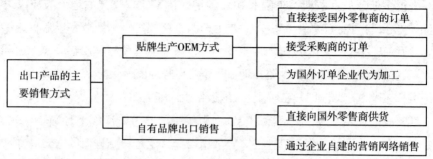

图 2.8　中国木材中小企业出口产品主要销售方式

注：根据企业调查材料归纳整理。

采用自己的产品品牌向国外出口的销售方式，总体上来看所占的比重较小，可以认为尚处在开拓扩张的阶段。具体来说可细分为以下两种形式：①以自己的品牌向国外零售商供货，由国外零售商销售。采用这种形式时，中国木材中小企业自身不需要建立国外的销售网络，只需与国外零售商建立起相对稳定的供销关系即可，是采用自己品牌出口的主要形式。②尝试在国外自建网络销售自己品牌的产品。这种方式投资巨大而且风险很高，尽管有部分企业已经在国外注册了自己的销售企业，但是基本尚处在尝试的阶段。

就本书重点关注的产业而言，胶合板和木地板产业出口企业的出口产品销售方式主要以 OEM 贴牌生产为主，产业间差异不大，但是造纸产业的出口企业一般会以自己的品牌出口为主。

中国胶合板出口企业的产品较多地出口美国、欧盟等发达国家，主要采用 OEM 贴牌生产的方式。例如，A1 企业 2008 年以前产品出口超过 50%，有时出口比重高达 60%~70%，主要出口地是欧美和中东，此后随着经营环境的恶化，出口产品盈利空间的缩小，出口比重大幅下降，主要转向国内市场，2010 年出口所占比重下降到 20%。由于企业通过原有的营销网络迅速拓展国内市场，因而企业的生产销售并未受太大影响。A2 企业主要出口市场是英国，约占全部出口量的 50%，也有部分产品出口阿尔及利亚、埃及等国，2010 年出口量 5 000 多米^3，全部通过代理商出口，出口产品全部根据国外订单生产，不使用自己的品牌。A3 企业以生产面板为主，2011 年生产的面板主要出口东南亚地区，占全部出口量的 60%~70%，公司拥有自营出口权，全是订单式生产。A4 企业专业生产胶合板，98％的产品销往欧洲，以英国、荷兰、比利时、法国、爱尔兰为主，少量剩余产品内销，不过自 2008 年以来向中东市场的出口渐趋增多。2010 年出口总量 10 万米³，60％～70％出口欧洲，30％左右出口中东市场，出口欧洲市场的产品主要是中、高端产品。早期对欧出口主要是贴牌生产，但是从 2010 年开始采用自己的品牌。

中国木地板出口企业的产品销售较为普遍地采用通过采购商的贴牌生产方式，也有部分企业通过自己的品牌出口销售，并有少数企业开始尝试在国外建立营销渠道。例如，B1 企业是国内专业从事木地板生产的骨干企业，产品 90％出口国外，几年前以贴牌生产为主，销售则与大型超市（如沃尔玛等）合作，近年来开始经营自主品牌地板，以直营店的方式在美国、加拿大、韩国等地销售。2010 年，企业产品 70％销往北美，15％销往东欧，10％销往东亚。B2 企业是一家从事地面装饰材料生产和销售的民营创新型企业，旗下包括 3 个设在美国、加拿大和澳大利亚的分公司。2006 年有 98％的产品出口，之后内销比重提高，到 2010 年出口比重下降到 65％，出口产品有自主品牌的产品，也有贴牌生产的产品，自主品牌产品以直营店的方式销售，贴牌生产的产品有一部分直接进入零售超市，也有部分供应采购商。B3 公司是专业化生产浸渍纸层压木质地板的大型企业，产品 90％以上出口，全部是贴牌生产，目前正在考虑在国外开设直营店主打自主的品牌，出口市场以美欧为主。A19 公司有环保型实木复合地板生产线 2 条，木地板产品有 50％出口，出口产品主要通过经由采购商的方式贴牌生产。A20 公司的实木复合地板年生产能力 200 万米²，产品出口占 70％～80％，以贴牌生产为主，主要销往美国和欧洲。

所调查的三家造纸企业中产品大多以内销为主，出口较少。例如，C1 企业产品全部在国内市场销售，主要销往沂水、诸城、济南等地。C2 企业的产品目前也主要在国内市场销售，以江浙一带为主，有部分产品直接销售给印刷公司，但 2008 年以前有少量产品出口中东地区。C3 公司是国内最大的羊皮纸生产厂家，占国产羊皮纸市场份额的 60％，产品主要在国内市场销售，主要集中在北京和苏州，在其他地区也有部分通过代理商销售。根据对行业协会的访谈，中国造纸出口企业主要是两种类型，一类是大型的跨国企业，这些企业通常按照世界大区域进行企业布局，在中国的企业不仅是为了满足中国国内市场的需求，而是为了满足比国内市场更大的区域性市场的需求，因此会有较多产品的出口；另一类是生产特种纸的小型企业，为了满足国外对特种纸产品（例如，宣纸）的特殊需要向国外出口。中国造纸产业出口的企业规模分布状况，可以印证这个分析结论。因此，造纸出口企业大多会以自己的品牌出口产品。

2.3 欧盟新木材法案对中国木材中小企业的直接影响范围

欧盟是中国木材产品的重要出口市场。根据 UN COMTRADE 的贸易数据，2010年欧盟从中国的木材产品进口额占欧盟木材产品进口总额的 23.87%，其中，欧盟木材产品的进口总额中，有 22.7% 的人造板、52.9% 的木家具、22.4% 的纸及纸制品、52.7% 的木制品均来自中国。因此，欧盟新木材法案的实施，势必会对中国向欧盟市场出口产品的木材企业产生直接的影响。那么，中国木材行业的中小企业中到底有多少企业会受到欧盟新木材法案的直接影响呢？

由于不能直接获得向欧盟出口木材产品的中国中小企业的数据，这里只能利用中国 2008 年的经济普查数据和国泰安非上市公司的数据库，根据中国分类产品向欧盟的出口额占中国此类产品出口总额的比例，来推算欧盟新木材法案对中国木材中小企业产生直接影响的范围。具体的推算方法是：①根据中小企业的划分标准，基于企业年营业收入将全部企业划分为中型企业和小微企业，并根据企业出口交货值的有无，筛选出木材行业各产业的出口企业数和出口企业的就业人数；②根据 UN COMTRADE数据库，计算中国木材行业中各产业产品向欧盟的出口额占全部出口额的比重，并考虑到中国木材出口企业通常是同时出口许多国家和地区的实际情况，将上述比重放大30%，作为推算比重①；③将推算比重乘以木材行业各产业分企业规模类型的出口企业数和出口企业就业人数，得到受欧盟新木材法案直接影响的企业数和就业人数；④受欧盟新木材法案直接影响的企业数和就业人数除以中国木材行业各产业的企业数和就业人数，得到受直接影响的企业比重和就业人数比重。

2.3.1 全部木材行业中小企业受直接影响的范围

中国木材行业中小企业是受欧盟新木材法案直接影响的主体部分。根据推算结果，欧盟新木材法案的实施，中国木材行业整体将会有 1 507 家企业受到直接影响，其中中小企业 1 453 家，占全部受直接影响企业的 96.42%。同时，将会有 39.6 万（396 098）的就业人数受到欧盟新木材法案的直接影响，其中中小企业受直接影响的

---

① 这里 30% 的扩大比重，是项目组根据企业调查得到的一个相对保守的估计数。

Shennong
Series

就业人数为 30.3 万（302 829）人，占全部受直接影响就业人数的 76.45％（表 2.3）。

从受欧盟新木材法案直接影响的中小企业类型来看，中型企业受到的影响最大。受欧盟新木材法案的直接影响的中小企业数中，中型企业共有 860 家，占全部受直接影响中小企业总数的 59.2％；小微企业 593 家，占全部受直接影响中小企业总数的 40.8％。受到法案直接影响的就业人数中，中型企业的就业人数 24.9 万（249 182）人，占全部受直接影响中小企业就业人数合计数的 82.3％（表 2.3）。

表 2.3　全部木业行业中小企业受欧盟新木材法案直接影响的范围

		全部企业	中小企业合计	中型企业	小微企业
数量	企业数（个）	1 507	1 453	860	593
	就业人数（人）	396 098	302 829	249 182	53 647
比重	占全部企业数（％）	1.18	1.14	7.10	0.52
	占全部就业人数（％）	7.28	6.16	11.09	2.01

注：①受直接影响范围的推算方法请参考正文。

②推算数据来源于 2008 年中国经济普查数据、国泰安非上市公司数据库和 UN COMTRADE 数据库。

从受直接影响的企业占全部企业的比重来看，欧盟新木材法案的直接影响范围不是很大。从企业数来看，受法案直接影响的中小企业合计数占全部中小企业数的 1.14％，分规模类别来看，中型企业受直接影响的比重略高，受直接影响中型企业占全部中型企业数的 7.10％，而小微企业受直接影响的比重较小，受直接影响小微企业数只占全部小微企业数的 0.52％。但是，就业人数所反映的欧盟新木材法案的影响范围要大于企业数所反映的影响范围。中小企业合计受直接影响的就业人数占全部中小企业就业人数的 6.16％，特别是中型企业受直接影响的就业人数占全部中型企业就业人数的 11.09％（表 2.3）。

2.3.2　木材行业分产业中小企业受直接影响的范围

就本书所要重点分析的木地板、胶合板和造纸三个产业来看，中小企业仍然是受欧盟新木材法案直接影响的主体组成部分，但是各产业之间在程度上存在着一定的差异。

从受欧盟新木材法案直接影响的中小企业数来看，胶合板产业最多，造纸产业最少。胶合板产业受直接影响的中小企业合计数为 79 家，占本产业全部受直接影响企业数的 97.5％，木地板产业受直接影响的中小企业合计数为 70 家，占本产业全部受直接影响企业数的 93.3%，而造纸产业受直接影响的中小企业合计数为 20 家，占本产业全部受直接影响企业数的 74.1%。从中小企业的内部类型来看，除了造纸产业中型企业和小微企业各占一半外，木地板产业和胶合板产业都是以中型企业为主，分别占本产业受直接影响中小企业合计数的 74.3% 和 70.9%（表 2.4）。

从受欧盟新木材法案直接影响的中小企业就业人数来看，造纸产业最多，而胶合板产业最少。造纸产业受直接影响的中小企业就业人数为 2.27 万（22 667）人，占本产业全部受直接影响企业就业人数的 66.5%，木地板产业受直接影响的中小企业就业人数为 1.56 万（15 588）人，占本产业全部受直接影响企业就业人数的 88.8%，胶合板产业受直接影响的中小企业就业人数为 1.41 万（14 146）人，占本产业全部受直接影响企业就业人数的 81.2%。从中小企业类型来看，造纸产业受直接影响的就业人数主要集中在小微企业，为 1.75 万（17 509）人，占本产业受直接影响中小企业就业人数的 77.2%；而木地板产业和胶合板产业受直接影响的就业人数主要集中在中型企业，分别占本产业受直接影响中小企业就业人数的 93.0% 和 89.5%（表 2.4）。

表 2.4 木业行业分产业中小企业受直接影响的范围

		全部企业	中小企业合计	中型企业	小微企业
木地板					
数量	企业数（个）	75	70	52	18
	就业人数（人）	17 551	15 588	14 496	1 092
比重	占全部企业数（%）	3.35	3.14	24.30	0.89
	占全部就业人数（%）	18.47	17.29	37.41	2.12
胶合板					
数量	企业数（个）	81	79	56	23
	就业人数（人）	17 419	14 146	12 661	1 485
比重	占全部企业数（%）	0.39	0.38	2.87	0.12
	占全部就业人数（%）	2.14	1.79	4.02	0.31
造纸					
数量	企业数（个）	27	20	10	10
	就业人数（人）	34 107	22 667	5 158	17 509
比重	占全部企业数（%）	0.10	0.08	0.76	0.04
	占全部就业人数（%）	4.49	4.47	6.76	4.07

注：①受直接影响范围的推算方法请参考正文。

②推算数据来源于 2008 年中国经济普查数据、国泰安非上市公司数据库和 UN COMTRADE 数据库。

从受直接影响中小企业占全部企业的比重来看，木地板产业较大，而胶合板产业和造纸产业相对较小。木地板、胶合板和造纸产业受直接影响中小企业数占本产业全部中小企业数的比重分别为 3.14％、0.38％和0.08％；受直接影响中小企业就业人数占本产业全部中小企业就业人数的比重分别为 17.29％、1.79％和4.47％（表2.4）。

2.3.3　对中小企业受直接影响范围推算结果的几点讨论

首先，这里推算得到的欧盟新木材法案的实施可能受到影响的中小企业范围，仅仅是指从产品销售上看直接向欧盟出口木材产品的企业。因此，这里的影响范围可以认为是需要对欧盟新木材法案进行调整应对的最小限度直接影响范围。而且，由于数据来源的限制，在推算时采用了 2008 年的数据。而 2008 年是中国木材企业开始应对国际金融危机而做出了调整的年份。从我们对木地板、胶合板和造纸三个产业的企业调查来看，许多出口企业从 2008 年开始调减了出口，包括对欧盟的出口。因此，即使就最小限度的直接影响范围而言，也是一个相对保守的估计结果。同时，这里的估计采用的是规模以上企业的数据，一些实际上向欧盟出口木材产品的小微企业或者因为不能计入规模以上企业的统计范围，或者是因为没有自主的进出口权，只能为企业出口欧盟的企业代加工木材产品，也不能反映在统计数据内，因此，也可能低估欧盟新木材法案的直接影响范围。

其次，这里推算得到的欧盟新木材法案的实施可能影响的中小企业范围，并未包括通过原材料等途径可能受到间接影响的大量企业。仅就原材料而言，根据我们对木地板、胶合板和造纸产业的企业调查，除了强化木地板企业之外，一般都要采用大量的进口木材原料。根据 2008 年的数据，中国进口原木 2 957 万米³，占国内使用总量的28.7％，进口锯材 709 万米³，占国内使用总量的 20.1％，进口木浆 902 万吨，占国内使用总量的 12.9％[①]。而在进口的木材原材料中，有相当高的比例来自于通常认为木材采伐管理并不是非常严格的俄罗斯、马来西亚、印度尼西亚、新西兰、加蓬、巴布亚新几内亚、缅甸和泰国等国家。根据欧盟新木材法案的要求，采用进口原材料的企业也必须做出相应的应对调整，因此受欧盟木材新法案影响的企业范围显然还要大得多。

---

① 　数据来源于 UN COMTRADE 统计数据库和 2009 年中国林业发展报告。

第3章 欧盟新木材法案对中国木材行业 中小企业的财务影响

欧盟新木材法案作为一项技术性贸易措施,其实施必然会对中国木材行业中小型企业的财务状况带来影响。首先是中小型出口企业为了应对欧盟新木材法案的实施需要支付额外的应对调整成本,同时欧盟新木材法案的实施带来产品与原材料市场的变化,也会影响到企业的成本与收益。财务影响评价就是要分析由于欧盟新木材法案的实施对中国木材中小企业在成本与收益等方面带来的潜在影响。因此,我们将首先分析中国木材行业的中小企业可能采取的应对方式以及各种应对方式带来的企业应对成本;接着采用单因素分析法,比较分析不同的应对方式、不同产业、不同规模企业之间应对成本的差异性;然后分析欧盟新木材法案实施后对收益的可能影响;最后通过与影响木材企业产品成本的其他因素的比较和企业本身的消化吸收能力的分析,从整体上判断欧盟新木材法案对中国木材行业中小企业的财务影响。

3.1 可能采取的应对方式与应对成本

欧盟新木材法案的核心原则是对首次进入欧盟市场的木材产品必须保障其合法性。为了达到欧盟新木材法案的要求,中国向欧盟出口木材产品的木材企业首先必须保证木材原料来源的合法性,同时应该建立相应的制度来保证木材产销流程的可追溯性。虽然欧盟新木材法案的详细实施细则尚未出台,但是根据上述原则要求,木材原料的合法性和木材产销流程的可追溯性应该是我国木材企业应对的主要内容。

3.1.1 保证木材原料来源合法性的应对

在保证木材原料来源的合法性方面,中国木材企业可能采取的应对方式主要包括以下两种方式。

第一,采用经过森林FM认证的木材原料。

FM森林认证本质上是一种可持续发展的认证,保证木材管理和砍伐等环节的合法性是其最基本的要求（Ewald Rametsteiner & Markku Simula, 2003）。因此，可以认为森林 FM 认证是一种比合法性认证要求更高的认证。虽然，目前欧盟新木材法案中并没有明确规定获得森林 FM 认证的木材可以不再经过欧盟新木材法案要求的合法性认证（European parliament, 2010），但是采用获得森林 FM 认证的木材原料在原则上肯定是能够满足欧盟新木材法案要求的。由于森林 FM 认证需要支付直接费用和间接费用（Chris Elliott, Jamison Ervin and Gholz, 1996），从而提高森林经营的成本，所以获得森林 FM 认证的木材原料的价格要高于一般未经认证的木材原料。对于一个有效期为 6 年、认证面积为 10 万公顷的热带天然林来说，仅森林 FM 认证的直接费用达到 8.4～16.4 元/米³；而在发展中国家，由于森林经营水平较低，为达到认证标准的要求而转变经营方式和规范采伐作业规程的间接费用估计约为其热带木材价格的 10％～20％（王香奕、马阿滨，2005）[①]。因此，根据我们的调查，在这里我们设定获得森林 FM 认证的木材市场价格一般要比未获得森林 FM 认证的普通木材价格高出 10％～30％。因为木材原料在产品成本构成中所占的比重一般为 30％～80％，所以可以估计如果采用这种应对方式将会使企业产品成本上升 3％～24％。

第二，采用经过合法性认证的木材原料。

根据欧盟新木材法案的要求，欧盟希望与相关国家之间通过建立自愿伙伴协议（VPA）的方式来实施欧盟新木材法案。与欧盟签署了自愿伙伴协议的国家，需要建立一个第三方的认证机构，对木材的合法性做出认证，并出具认证文件。目前，中国尚未与欧盟建立自愿伙伴协议，对于如何建立中国的第三方合法性认证机构，以及如何开展合法性认证等都尚在讨论阶段。但是，基本可以肯定的是，合法性认证的要求肯定要低于森林 FM 认证，因此木材的合法性认证企业所需要支出的费用应该会低于森林 FM 认证。当然，要开展森林的合法性认证还是需要有成本支出，这包括采伐管理的严格化所需要的额外支出和过程文件准备等方面的支出等。考虑到国内木材原料与进口木材原料的差异，采用经过合法性认证的国内木材原料和进口木材原料给企业带来的成本上升程度会有不同。

---

① 根据印度尼西亚-英国热带林管理项目 1999 年的调查，在合法操作和非法操作下原木的成本和价格相差很大，合法操作原木的价格和成本分别为 90 美元/米³ 和 47 美元/米³，而非法操作下原木的价格和成本分别只有 40 美元/米³ 和 20 美元/米³。转引自 Agung Prasetyo（2011）。

一般认为，中国已经建立了相对完善的森林采伐管理制度 (Daowei Zhang, Yan-shu Li, 2009)，因此国产木材原料合法性认证的支出应该不大，按照国内合法性认证将使国内木材原料单价上升 2%~5% 计算，考虑到不同木材产品使用国内原材料的差异，即国产木材原料成本在产品成本中的比重不同，将可能使产品成本上升 0~4%；而中国木材企业大量采用国外进口的木材原料，特别是大量进口的木材原料来自于一些森林管理并不很严格的国家，因此对国外进口原材料的合法性认证所需要支付的成本应该会高于国产木材原料，按照国外进口木材原料经过合法性认证将使其单价提高 5%~10% 计算，同样考虑到不同木材产品的国外进口原料成本占产品总成本的比例不同，将使企业的产品成本上升 0~8% (表 3.1)。

表 3.1　企业可能的应对方式与应对成本估计

应对领域	应对方式	产品成本上升范围	估计依据
原料来源	使用 FM 认证的原料	3%~24%	原料单价上升 10%~30%，原料成本比重 30%~80%
	使用合法性认证的国产原料	0~4%	原料单价上升 2%~5%，国产原料成本比重 0~80%
	使用合法性认证的进口原料	0~8%	原料单价上升 5%~10%，进口原料成本比重 0~80%
产销流程	建立 CoC 产销供应链认证	1%~5%	一次性评估费、年检费和生产管理调整支出
	企业自建完整生产履历	0.4%~2%	生产管理调整支出

注：表中成本上升范围是以企业调查数据资料为基础由项目组做出的估计。

3.1.2　保证产销流程可追溯性的应对

在保证企业产销流程的可追溯性方面，中国木材企业可以选择的应对方式主要有以下两种。

第一，采用森林企业产销监管链 CoC 认证。

企业的产销监管链 CoC 认证是森林认证的一个重要方面，其基本原则仍然在于保证森林的可持续发展 (Ewald Rametsteiner & Markku Simula, 2003)，因此 CoC 认证应该是可以满足欧盟新木材法案要求的。虽然欧盟新木材法案尚未确认可以互认企业的 CoC 认证（European parliament，2010），但是同样可以肯定是，CoC 认证应该是比欧盟新木材法案的要求更为严格的认证。木材企业开展 CoC 认证，需要以下三个方面的支出，①第一次进行 CoC 认证的费用支出，这通常是需要一次性较大投入的经费。②CoC 认证年检费用支出，即定期开展检查所需要支付的费用。③为了满足 CoC 认证的要求，企业必须建立一整套相应的管理制度，配备一定的人员，调整传统的管理方式，从而会支出一定的日常管理维护费用。根据 2006 年 11 月至 2007 年 1 月对 41 家中国木材企业的调查，CoC 认证的一次性评估费平均为 6.7 万元，而年度审核（年检）费用平均为 3.4 万元（Ivan Eastin and Jeff Cao，2008）。一次性评估费和年检费用对企业产品成本的影响受企业生产规模的影响较大。而企业为了满足 CoC 认证的要求而采取的经营管理调整所需要的间接成本受到企业生产流程的复杂程度、企业生产产品的种类及其多少、企业生产规模的大小等因素影响，很难具体计算。这里项目组根据企业调查为基础，考虑到认证成本上升等因素，估计可能会使得企业的产品成本上升 1%～5%。

第二，企业自建完备的产销履历制度。

为了应对欧盟新木材法案的要求，企业也可以自建完备的产销履历制度。与寻求开展森林企业的 CoC 认证相比，企业自建完备的产销履历制度所需要支付的成本应该低一些。因为是自建产销履历制度，因此不需要寻求第三方的认证，不需要向第三方支付一次性的认证费用和年检费用，但是企业必须对传统的生产销售方式进行调整，建立起一整套完整的可追溯制度。估计其费用支付可能使得企业的产品成本上升 0.4%～2%。

3.2　应对产品成本上升影响程度的差异比较

3.2.1　不同应对方式组合之间的比较

为了满足欧盟新木材法案的要求，企业现实的应对选择必须同时考虑原料来源的合法性和产销流程的可追溯性两个方面。企业采取不同的应对方式组合，法案实施对企业产品成本上升的影响程度也不相同（表 3.2）。

第一，当企业选择高标准的应对方式组合时，将会企业的产品成本在短期内有较大幅度的上升。完全采用森林认证是企业最为积极的应对方式组合，即采用 FM 认证的木材原料并通过企业的购销产业链 CoC 认证，将可能使企业的产品成本上升

4.0%～29.0%。但是，这并不意味着采用最积极的应对方式必然会比采用其他应对方式组合给企业带来更大的财务压力。因为这里只考虑了成本上升的不利因素，而并没有考虑到收益提高的因素。考虑到经过森林认证的产品有可能比未经过森林认证的一般产品获得消费者额外支付的溢价收益，以及经过森林认证的产品由于具有较强的市场竞争力，可能凭借森林认证的产品竞争优势而扩大产品的市场销售规模，提高市场份额，从而增加收益等因素，具有长期发展眼光并具备较强实力的企业，完全可能通过采用最为积极的应对方式而获得长期利益。

表 3.2　企业不同应对方式组合的成本上升范围

应对方式组合	成本上升范围
使用 FM 认证原料 ＋ 建立 CoC 产销供应链认证	4.0%～29.0%
使用 FM 认证原料 ＋ 企业自建完整产销履历制度	3.2%～26.0%
使用合法性认证的进口原料 ＋ 建立 CoC 产销供应链认证	1.0%～13.0%
使用合法性认证的进口原料 ＋ 企业自建完整产销履历制度	0.4%～10.0%
使用合法性认证的国产原料 ＋ 建立 CoC 产销供应链认证	1.0%～9.0%
使用合法性认证的国产原料 ＋ 企业自建完整产销履历制度	0.4%～6.0%

注：根据表 3.1 的数据计算整理。

第二，当企业选择相对低标准的应对方式组合时，企业的产品成本上升幅度较小。如果企业采用合法性认证和自建完备产销履历制度的应对方式组合，产品成本的上升幅度则可控制在 6.0% 以下。与积极应对方式相比，简单应对可以暂时缓解出口欧盟的中国木材行业中小企业所面临的成本上升困境。简单应对方式是达到欧盟新木材法案要求的最低标准，同时也是成本最低，对企业影响最小的应对方式，因此也是规模较小的企业相对比较可以承受的应对方式。不同的企业应该统筹当前与长远、优势与劣势，在权衡的基础上选择适合自己的应对方式组合。但是，需要说明的是，只要企业采取应对，就必然会带来一定程度的产品成本上升。

第三，建立合法性认证配套体系是降低企业应对成本的有效途径。由于采用森林 FM 认证的原料单价显著高于采用经过合法性认证的木材原料单价，因此采用合法性认证木材原料的应对方式组合带来的企业产品成本升上幅度要显著低于采用森林 FM 认证木材原料的应对方式组合。对于大多数中小企业来说，尽可能地降低对欧盟新木材法案的应对成本，是选择应对方式的重要依据。因此，从降低应对成本的角度看，建立合法性认证体系是有必要的。建立高效、低成本而且便利的合法性认证配套体系，是降低中国木材行业中小企业对欧盟新木材法案应对成本的有效途径。

3.2.2 不同木材产业之间的比较

虽然木材行业中小企业在应对欧盟新木材法案过程中都可能引起产品成本的上升，但是产业之间的成本上升程度会有所不同。这里重点以胶合板、木地板和造纸三个行业为例，比较分析欧盟新木材法案对中小企业产品产品成本上升所带来的不同影响。考虑到木地板产业不同产品之间具有较大的差异性，我们在产业比较时，将木地板产业进一步细分为强化木地板、复合木地板和实木地板三个产业，同时因为实木地板基本上没有出口，所以这里只比较强化木地板和复合木地板产业。同样，考虑到造纸产业的差异性，将造纸产业进一步细分为现代造纸业和传统造纸业。

第一，由于欧盟新木材法案的实施将在很大程度上通过木材原料成本的增加而影响企业的产品成本，所以各产业木材原料成本在产品成本构成中的比重不同所引起的成本上升程度也不相同。强化木地板、复合木地板和胶合板产业的木材原料成本占产品总成本的比重基本相同，为65%～80%，受木材原料成本提高的影响比较大。在造纸产业中，现代造纸企业和传统造纸企业在木材原料成本占产品总成本的比重之间有较大的差异，估计现代造纸企业为30%～60%，受木材原料成本提高的影响相对较小，而传统造纸企业为60%～80%，受木材原料提高的影响相对较大。

第二，在采用合法性认证木材原料时，由于进口木材原料与国产木材原料的单价上升幅度不同，因此产业之间产品成本上升受影响的程度也会有不同。根据企业调查，胶合板产业进口木材原料成本占木材原料总成本的比重为0～10%，强化木地板为0～5%，复合木地板为10%～20%，采用国外进口木材原料的比重都不大，造纸产业中的传统造纸企业进口木材原料占木材原料总成本的比重为0～10%，也不大，而造纸产业中的现代造纸企业进口木材原料占木材原料总成本的比重为30%～60%，因此现代造纸企业受进口木材原料成本提高的影响相对较大。

综合考虑以上两个因素，采用森林FM认证的木材原料应对时，现代造纸产业的单位产品成本上升影响程度相对较低，为3.0%～15.0%；而其他产业的单位产品成本上升影响程度相对较高，为6.0%～24.0%。产业之间的差异不大（表3.3）。

表 3.3 成本上升影响的产业间比较：保证木材原料合法性的成本

产业	原料成本占总成本比重	占木材原料总成本的比重		保证合法性原料的成本上升影响	
		进口原料	国产原料	FM 认证	合法性认证
	A	B	C	D＝A×a	E＝A×（B×b＋C×c）
胶合板	70%～80%	0～10%	90%～100%	7.0%～24.0%	1.40%～4.40%
强化木地板	65%～80%	0～5%	95%～100%	6.5%～24.0%	1.30%～4.20%
复合木地板	70%～80%	10%～20%	80%～90%	7.0%～24.0%	1.61%～4.80%
现代造纸	30%～50%	30%～60%	40%～70%	3.0%～15.0%	0.87%～4.00%
传统造纸	60%～80%	0	90%～100%	6.0%～24.0%	1.20%～4.40%

注：①a＝10%～30%为森林 FM 认证木材单价的提高幅度；b＝5%～10%为合法性认证进口木材单价的提高幅度；c＝2%～5%为合法性认证国产木材单价的提高幅度。以上系数来源于表 3.1。

②本表仅指保证木材原料来源合法性所带来的成本上升影响。

第三，不同产业产品的木材原材料构成的多样性和产销环节的复杂性不同，使得不同产业建立木材可追溯性时的应对成本支出也会不同。如果与木家具产业相比，胶合板、木地板（不包括实木地板）和造纸产业的产销流程的复杂性程度都不是很高。如果将木家具产业的产销流程复杂性程度假定为 5，则强化木地板的产销流程复杂性程度只有 0.5～1，胶合板和现代造纸为 1～2，复合木地板和传统造纸为 2～3。可见，从建立木材产销流程可追溯性的应对难易程度而言，复合木地板和传统造纸企业所需要支出的应对成本会相对较大。

试算不同产业为了保证木材产销流程合法性所带来的单位产品成本上升影响程度可知，无论是采用 CoC 认证的应对方式还是采用自建完备的木材产销履历制度的应对方式，复合木地板和传统造纸产业对单位产品成本的上升影响程度最高，而强化木地板产业的成本上升影响程度最低，胶合板和现代造纸产业的成本影响程度居中（表 3.4）。

表 3.4 成本上升影响的产业间比较：保证木材产销可追溯性的成本

产业	确保产销可追溯性的复杂程度	复杂程度提高 1 时的成本上升影响		保证可追溯性的成本上升影响	
		CoC 认证	履历制度	CoC 认证	履历制度
	F	G	H	I＝F×G	K＝F×H
胶合板	1～2	1.0	0.4%	1.0%～2.0%	0.4%～0.8%
强化木地板	0.5～1	1.0	0.4%	0.5%～1.0%	0.2%～0.4%
复合木地板	2～3	1.0	0.4%	2.0%～3.0%	0.8%～1.2%

(续)

产业	确保产销可追溯性的复杂程度	复杂程度提高 1 时的成本上升影响		保证可追溯性的成本上升影响	
		CoC 认证	履历制度	CoC 认证	履历制度
	F	G	H	I＝F×G	K＝F×H
现代造纸	1～2	1.0	0.4%	1.0%～2.0%	0.4%～0.8%
传统造纸	2～3	1.0	0.4%	2.0%～3.0%	0.8%～1.2%

注：①G 按照复杂程度为 1～5 时，CoC 认证使产品成本上升 1%～5%计算；H 按照复杂程度为 1～5时自建完备的木材产销履历制度使产品成本上升 0.4%～2%计算。

②本表仅指保证木材产销流程的可追溯性所带来的成本上升影响。

同时考虑保证木材原料来源的合法性和木材产销流程的可追溯性时，试算结果表明欧盟新木材法案的应对造成的企业单位产品成本上升影响程度在不同产业之间存在着差异。当采用最严格的应对方式组合时，只有现代造纸产业的产品成本上升影响程度相对较低，为 4.0%～17.0%，而其他产业的产品成本上升影响程度相对较大，复合木地板、传统造纸、胶合板和强化木地板产业产品上升的影响程度分别为 9.0%～27.0%、8.0%～27.0%、8.0%～26.0%和 7.0%～25.0%，产业间的差异不大。当采用合法性认证木材和企业自建产销履历制度的普通应对方式组合时，复合木地板产业所受的成本上升影响相对最大，为 2.4%～6.0%，而现代造纸、传统造纸、胶合板和强化木地板产业的成本上升影响程度分别为 1.27%～4.8%、2.0%～5.6%、1.8%～5.2%和 1.5%～4.6%（表 3.5）。可见，木材行业不同产业的企业完全可以根据产业的特点选择不同的应对方式组合。

表 3.5 成本上升影响的产业间比较：企业产品成本上升的总影响

产业	保证原料合法性的影响		保证可追溯性的影响		成本上升的总影响	
	FM 认证	合法性认证	CoC 认证	履历制度	FM＋CoC	合法性＋履历
	D	E	I	K	L＝D＋I	M＝E＋K
胶合板	7.0%～24.0%	1.40%～4.40%	1.0%～2.0%	0.4%～0.8%	8.0%～26.0%	1.8%～5.2%
强化木地板	6.5%～24.0%	1.30%～4.20%	0.5%～1.0%	0.2%～0.4%	7.0%～25.0%	1.5%～4.6%
复合木地板	7.0%～24.0%	1.61%～4.80%	2.0%～3.0%	0.8%～1.2%	9.0%～27.0%	2.4%～6.0%
现代造纸	3.0%～15.0%	0.87%～4.00%	1.0%～2.0%	0.4%～0.8%	4.0%～17.0%	1.27%～4.8%
传统造纸	6.0%～24.0%	1.20%～4.40%	2.0%～3.0%	0.8%～1.2%	8.0%～27.0%	2.0%～5.6%

注：①D、E 的数据来源于表 3.3；I、K 的数据来源于表 3.4。

②L、M 是指采取相应的应对方式组合时对企业平均成本上升的总影响。

3.2.3　不同规模企业之间的比较

欧盟新木材法案的应对成本，在不同规模的中小企业之间的影响也有不同。

第一，一次性支付的应对成本可能构成部分小微企业的应对门槛。当采用高标准的应对方式时，仅仅企业需要开展的产销监管链 CoC 认证，就需要企业一次性支付 8 万~10 万元的认证费用，同时还需要定期支付每年 4 万~6 万元的年检费用[①]。因为根据小型企业平均年营业收入 1 000 万元，按照营业收入利润率 3% 计算，则小型企业的年平均利润额也只有 30 万元；而微型企业最大年营业收入为 300 万元，按照按照营业收入利润率 3% 计算，则小型企业的年最大利润额也只有 9 万元。因此，对于大量的木材微型企业，甚至是一部分小型企业而言，这是一笔并不小的支出。根据企业调查，几乎所有的微型企业和 30.0%~50.0% 的小型企业不可能或者不愿意支付这样的一次性投入。当采用合法性认证和自建完备的产销履历制度的应对方式时，所需要的一次性投入成本也较小，一般不会构成企业的应对门槛。总的来看，不论是高标准的应对方式还是相对普通的应对方式，对企业成本上升的影响均随着企业规模的扩大而快速下降。

第二，即使企业能够支付应对所需要的一次性投入，也会因为企业生产规模的不同而使得分摊成本有较大的不同。对木材中型企业、特别是规模相对较大的中型企业而言，即使是采用高标准的应对方式，即采用 FM 认证的木材和木材企业的 CoC 产销监管链认证的方式，一次性的应对投入也不会构成应对的门槛。但是，由于企业生产规模的大小，一次性投入分担到单位产品中的分摊成本也会有所不同。以强化木地板企业为例，假定应对的一次性投入成本为 10 万元，年检费用为 6 万元，一次性认证费用 5 年内分摊完成，则年产量为 100 万米^2 的中型企业单位产品平均分摊成本是 0.08 元 / 米^2，如果年产量只有 50 万米^2 的中型企业产品平均分摊成本则就会增加到 0.16 元 / 米^2。这样的成本变动对于产品的价格而言可能是很小的比重，但是针对单位产品的利润而言却不能小看。如果木地板的单位产品利润只有 1 元 /米^2，则上述变动可能使得单位产品的利润下降 8%，显然不能小看这样的成本变动对盈利的影响。所以，即使有能力支付一次性投入的小型企业，在考虑分摊成本时，实际可能应对的企业比

---

①　根据 2007 年 1 月对中国木材企业的调查，CoC 认证一次性评估费和年检费分别为 6.7 万元和 3.4 万元（Ivan Eastin and Jeff Cao，2008），这里考虑到物价上涨等因素，作了适当的调整。

例还会继续下降。

第三，规模相对较大的大中型企业尤其是大型跨国企业可能通过产业链的扩展，即通过与木材原料生产企业的联合来抵消木材原料涨价带来的产品成本上升影响，但是规模相对较小的中小企业基本上不可能采用这样的方式。不同规模企业形成企业联盟能力的差异非常明显，只有较大规模的企业才有可能主导企业联盟，将产业链条拉长，不再考虑某个环节利润率的高低，而是统筹考虑整个产业链条的利润率。实力雄厚的大中企业可以通过纵向拓展，甚至可以通过并购、入股、自建等方式将原料供应纳入到企业整体中来考虑，使得原料价格上涨对企业整体不构成影响，从而保障企业联盟少受欧盟新木材法案的冲击。而对于绝大多数中小企业来说，由于资金实力的薄弱，并购、入股原料企业，或者自建原料基地都不现实，也无法承担高额成本，唯一的途径是从市场购买原料，因而不得不承受因欧盟新木材法案而产生的木材原料价格上升的影响。

第四，欧盟新木材法案使得原料市场、产品市场的风险和不确定性增加，不同规模企业对此类风险和不确定性的认识、把握能力不同，进而对企业的影响也会有差异。规模较大的大中型企业更容易获得欧盟新木材法案的细节和要求变更，进而较迅速的对原料和产品进行调整，将欧盟新木材法案的影响降至最低。而小微企业的信息获取则显得比较滞后，因而应对起来难度就会增大，使得本来就处在弱势地位的小微企业处境更加困难，因此对小微型企业的不利影响将表现得更为显著。

为了更直观地反映不同规模类型企业的应对成本上升影响的差异，这里首先推断估计了不同规模类型企业中，可能采用认证（FM＋CoC）应对方式的企业比例，微型企业的可能应对比例接近于0，小型企业的可能应对比例为10.0%～30.0%，较小的中型企业的可能应对比例为20.0%～50.0%，而较大的中型企业的可能应对比例为50.0%～80.0%（表3.6）；如果采用木材合法性论证和企业自建完备的木材产销履历制度时，基本不构成应对的门槛，凡是希望应对的企业都有可能采取应对。同时，以表3.5的计算结果为基础，假定应对造成的产品成本上升影响在微型、小型、较小的中型和较大的中型企业之间呈现为从大到小的均匀分布，且各种不同规模类型企业之间存在着成本上升影响程度区间差的1/8左右的重叠部分，则不同规模类型企业之间应对造成企业产品成本上升的影响如表3.6的最后两列所示。以胶合板产业为例，当采用认证（FM＋CoC）应对方式时，微型企业的产品成本上升20.0～26.0%，小型企业上升16.0%～22.0%，较小的中型企业上升12.0%～18.0%，较大的中型企业上升 8.0%～14.0%，不同规模类型企业之间的成本上升影响程度存在着显著的差异；当采用木材合法性认证和企业自建完备的木材产销履历制度时，微型企

表 3.6　成本上升影响的规模间比较：企业产品成本上升的总影响

产业	企业规模类型	企业营业收入（万元）	采用 FM+CoC 应对的企业比例	应对企业的产品成本上升影响	
				FM+CoC	合法性+履历
胶合板	微型企业	0～300	0～2.0%	20.0%～26.0%	3.9%～5.2%
	小型企业	300～2 000	10.0%～30.0%	16.0%～22.0%	3.2%～4.2%
	较小的中型企业	2 000～10 000	20.0%～50.0%	12.0%～18.0%	2.5%～3.5%
	较大的中型企业	10 000～40 000	50.0%～80.0%	8.0%～14.0%	1.8%～2.8%
强化木地板	微型企业	0～300	0～2.0%	18.0%～25.0%	3.6%～4.6%
	小型企业	300～2 000	10.0%～30.0%	15.0%～22.0%	3.3%～4.3%
	较小的中型企业	2 000～10 000	20.0%～50.0%	11.0%～18.0%	2.4%～3.7%
	较大的中型企业	10 000～40 000	50.0%～80.0%	7.0%～14.0%	1.5%～2.8%
复合木地板	微型企业	0～300	0～2.0%	19.0%～27.0%	4.9%～6.0%
	小型企业	300～2 000	10.0%～30.0%	14.0%～21.0%	4.2%～5.3%
	较小的中型企业	2 000～10 000	20.0%～50.0%	11.0%～18.0%	3.3%～4.4%
	较大的中型企业	10 000～40 000	50.0%～80.0%	9.0%～15.0%	2.4%～3.5%
现代造纸	微型企业	0～300	0～2.0%	11.0%～17.0%	3.6%～4.8%
	小型企业	300～2 000	10.0%～30.0%	8.0%～13.0%	2.5%～4.0%
	较小的中型企业	2 000～10 000	20.0%～50.0%	6.0%～11.0%	1.9%～3.2%
	较大的中型企业	10 000～40 000	50.0%～80.0%	4.0%～9.0%	1.3%～2.6%
传统造纸	微型企业	0～300	0～2.0%	20.0%～27.0%	4.4%～5.6%
	小型企业	300～2 000	10.0%～30.0%	16.0%～23.0%	3.6%～4.8%
	较小的中型企业	2 000～10 000	20.0%～50.0%	12.0%～18.0%	2.8%～4.0%
	较大的中型企业	10 000～40 000	50.0%～80.0%	8.0%～15.0%	2.0%～3.2%

注：①企业规模类型的划分，参照工业和信息化部等（2011）的划分标准，按企业年营业收入确定。

②采用认证（FM+CoC）方式应对的企业比例，主要考虑应对时所需要的一次性投入构成的应对门槛和即使不构成门槛企业的分摊成本的大小而推断估计。

③不同规模类型企业应对的产品成本上升影响，是以表3.5的试算为基础，假定各产业应对造成的产品成本上升影响在微型、小型、较小的中型和较大的中型企业之间呈现为从大到小的均匀分布，且各种不同规模类型企业之间存在着成本上升影响程度区间差的1/8左右的重叠部分而推断估计。

业产品成本上升 3.9%～5.2%，小型企业上升 3.2%～4.2%，较小的中型企业上升 2.5%～3.5%，较大的中型企业上升 1.8%～2.8%，虽然也存在着不同规模类型之间的差异，但差异程度明显小于认证（FM+CoC）的应对方式。这种不同规模类型企业之间的应对造成产品成本上升影响程度的差异也存在于木地板、造纸等其他产业（表3.6）。

3.3 应对中国木材中小企业财务的有利影响

对欧盟新木材法案的应对，虽然会给中国的中小木材企业带来产品成本上升的不利影响，但是也可能给企业带来销售收入增加的有利影响。

3.3.1 森林认证产品可能带来的产品溢价

经过森林认证的产品可能带来消费者的额外支付溢价。欧盟的消费者对环境保护问题的关注程度较高，因此对于具有环境保护标识的产品愿意支付比普通产品更高的价格。根据 1994 年对欧洲消费者的调查，消费者对经过森林认证的产品一般愿意支付比一般普通木材产品高出 5%～15% 的额外支付价格，1997 年的消费者调查表明，消费者对经过认证木材产品的额外支付溢价为 13.7%（王香奕、马阿滨，2005）；2007年对中国 41 家木材企业的调查显示在欧盟市场对森林认证木材产品的溢价平均为6.3%（Ivan Eastin & Jeff Cao，2008）①。综合以上信息，这里将在欧盟市场上经过森林认证产品的消费者溢价确定为 6%～8%（表 3.7）。

3.3.2 成本向价格的传导可能提高产品销售价格

考虑到木材行业各个产业的产品差异性，将传统造纸业的森林认证产品溢价确定为 8%，复合木地板和现代造纸业产品溢价确定为 7%，而强化木地板和胶合板产业产品溢价确定为 6%（表 3.7）。因此，虽然采用森林认证的应对方式可能带来的企业产

---

① 发达国家消费者对经过森林认证的产品愿意支付高于一般未经森林认证木材产品的额外溢价是一个相对普遍的现象。Ozanne and Vlosky（1997）认为美国消费者愿意支付的森林认证产品溢价是 4.4%～18.7%；Kozak et al.（2004）研究表明森林认证产品的溢价为 5.6%～14%；Aguilar amd Vlosky（2007）的结论是森林认证产品的溢价平均为 10%；对加拿大、澳大利亚和瑞典的调查研究也有相同的结论（王香奕、马阿滨，2005）。而对中国木材企业的调查显示，在美国市场的森林认证产品溢价为 5.1%，中国为2.8%（Ivan Eastin & Jeff Cao，2008）。

品成本上升的幅度较大，但是如果同时考虑可能带来的消费者溢价收入，则欧盟新木材法案的实施所带来的财务不利影响可能显著降低。

对于消费需求弹性较小的产品而言，成本上升的影响可能较容易地传导到消费者价格中去，使得产品销售价格同时上升。产品成本上升向销售价格的传导程度取决于产品需求的弹性大小，弹性越大，价格传导越弱，弹性越小，价格传导越强。前者成本上升主要由生产者承担，后者成本上升主要由消费者承担。根据企业调查，我国出口欧盟的强化木地板、复合木地板大多强调新的花色品种设计，一般单一批次的生产数量不大，而相当部分传统小型造纸企业出口欧盟的是特种纸，这些产品大多不适合欧盟、美国等发达国家自动化程度很高的大型机械化生产，而欧盟对这样的小批量产品又存在着客观需求，因此，这些产品成本上升后可能较容易传导到消费者价格。因此分别将传统造纸、强化木地板、复合木地板和胶合板的成本到销售价格的传导程度从大到小确定为80%~100%、60%~80%、40%~60%和30%~50%。相反，考虑到现代造纸产品的可替代程度较高，因此将其成本价格传导程度确定为0~20%，当不同应对方式组合时，分别按照采用森林认证的高标准应对方式的最低可能成本上升幅度4%和采用合法性认证木材与自建履历制度的普通应对方式的最低可能成本上升幅度2%计算，则强化木地板产业和传统造纸产业受价格传导的有利影响程度较高，为2.4%~4.0%和1.2%~2.0%，而现代造纸产业受价格传导的有利影响程度最低，为0~0.8%和0~0.4%（表3.7）。

表3.7 法案应对对中小企业财务的有利影响

产业	认证产品溢价	成本到售价的传导程度	成本到售价传导的影响		规模经济性的有利影响	财务有利影响合计	
			FM+CoC	合法性+履历		FM+CoC	合法性+履历
	N	O	P=O×d	Q=O×e	R	S=N+P+R	T=Q+R
胶合板	6%	30%~50%	1.2%~2.0%	0.6%~1.0%	0.4%~0.6%	7.4%~8.6%	1.0%~1.6%
强化木地板	6%	60%~80%	2.4%~3.2%	1.2%~1.6%	0.5%~0.7%	8.9%~9.9%	1.7%~2.3%
复合木地板	7%	40%~60%	1.6%~2.4%	0.8%~1.2%	0.4%~0.6%	9.0%~10.0%	1.2%~1.8%
现代造纸	7%	0~20%	0~0.8%	0~0.4%	0.8%~1.0%	7.8%~8.8%	0.8%~1.4%
传统造纸	8%	80%~100%	3.2%~4.0%	1.6%~2.0%	0~0.2%	11.2%~12.2%	1.6%~2.2%

注：d=4%为采用FM+CoC应对方式时最低可能的成本上升幅度；e=2%是采用合法性+履历应对方式时最低可能的成本上升幅度。

3.3.3　产品市场份额的提高和规模经济性

欧盟新木材法案相当于一个市场壁垒，如果跨过了这个壁垒，则中国中小企业向欧盟市场出口的规模可能扩大，市场份额有可能提高。由于欧盟新木材法案的实施必然会使得一部分实力相对较弱的企业放弃欧盟市场，从而对于认真应对可以继续出口欧盟市场的中国木材中小企业来说，欧盟市场的份额将会提高，从而即使单位产品的利润率降低，企业向欧盟出口总量的增加也有可能增加企业的总销售利润。

随着生产销售规模的扩大，也有可能通过规模经济性的增强，而进一步降低企业产品的平均成本，从而对中国中小企业的财务状况带来有利的影响。根据不同产业的特点，这里设定规模经济性带来的产品平均成本下降的有利影响幅度在1％之内，同时产业之间会有一定的差异，现代造纸产业最高，为0.8％～1.0％，传统造纸产业最低，为0～0.2％，而其他产业居中（表3.7）。

3.3.4　对中小企业财务有利影响的差异比较

综合来看，欧盟新木材法案的实施和应对可也可能对中小企业的财务状况带来一些有利的影响，但是有利影响的程度在不同应对方式和不同产业之间具有一定的差异。

从应对方式组合来看，当采取森林认证的高标准应对方式时，对中小企业财务的有利影响程度也相对较大，在7.4％～12.2％，而采取合法性认证木材和自建木材产销履历制度的普通应对方式时，对中小企业财务的有利影响程度也相对较小，在0.8％～2.3％。这种差异主要是由于采用森林认证的高标准应对方式时，可能获得消费者对森林认证产品的溢价收益，而采用普通应对方式时则不能获得这种溢价收益（表3.7）。

从不同产业的比较来看，应对欧盟新木材法案所带来的对企业财务的有利影响存在一定的差异。当采取森林认证的高标准应对方式时，有利影响程度最高的是传统造纸产业，为11.2％～12.2％，而复合木地板、强化木地板、胶合板和现代造纸产业的有利影响程度相对较低，分别在9.0％～10.0％、8.9％～9.9％、7.4％～8.6％和7.8％～8.8％。当采用合法性认证木材原料和企业自建完备的木材产销履历制度的普通应对方式时，强化木地板和传统造纸产业的有利影响程度相对较高，分别为1.7％～2.3％和1.6％～2.2％，复合木地板和胶合板产业的有利影响程度分别为

1.2%～1.8%和1.0%～1.6%，而现代造纸产业的有利影响程度相对最低，只有0.8%～1.4%（表3.7）。

3.4 对中国木材中小企业财务影响的整体评价

最后，我们将统筹考虑欧盟新木材法案对中国木材行业中小企业财务的不利影响和有利影响，并结合中国木材行业企业所面临的经营环境变化趋势，以及中国木材行业企业对产品成本上升的消化吸收能力，对欧盟新木材法案实施对中国木材行业中小企业的财务影响进行整体评价。

第一，通过积极应对有可能给部分中小企业整体财务带来正面的影响。比较表3.5和表3.7的试算结果，我们发现无论是采用高标准的应对方式，还是采用相对普通的应对方式，积极应对带来的有利影响程度范围大于不利影响程度范围的最低值。这说明对于应对成本相对较小而应对效果相对较好的中小企业而言，欧盟新木材法案的实施不仅不会造成其企业的财务状况恶化，反而有利于提高企业的盈利能力。而介于高标准应对方式和相对普通应对方式之间仍有多种应对方式选择，这些应对方式带来的企业成本上升也介于前述两种应对方式之间，同时表现出较大的差异，不同行业、不同规模企业可以根据企业的实际情况和未来发展预期选择适合企业的应对方式，尽可能地降低和减轻法案应对给企业带来的不利影响。

第二，欧盟新木材法案对中小企业财务的不利影响一般会大于其有利影响，但是整体上看法案应对可能产生的有利影响程度要小于法案实施带来的成本上升的不利影响程度，同时，法案应对带来的企业成本上升影响随着企业规模的扩大而快速下降，不论是高标准的应对方式还是相对普通的应对方式，对微型企业和小规模企业的成本上升影响要远远大于较小的中型企业和较大的中型企业。这意味着中国木材行业中大部分中小企业的财务状况，还是会由于欧盟新木材法案的实施而恶化。扣除了法案应对的有利影响后，采用森林认证的高标准应对方式时，大部分的中小企业还可能面临相当于企业产品成本提高5%～15%的不利影响，而采用合法性认证和自建企业完备的产销履历制度的应对方式时，大部分的中小企业可能还可能面临相当于企业产品成本提高1%～9%的不利影响。

第三，企业经营环境的恶化可能对欧盟新木材法案的不利影响产生叠加放大效应。需要特别注意的是，欧盟新木材法案于2013年正式实施，而此时我国木材行业中小企业的经营环境仍有可能处在继续全面恶化的阶段。中国木材企业的经营环境以2008年国际金融危机的爆发为转折点，正在不断地恶化。在国际金融危机所导致的国外出口需求和房地产业宏观调控背景下的国内需求增速减缓的同时，木材中小企业的生产成本却在较大幅度的提高。根据我们对胶合板、木地板和造纸企业的调查，与2008年相比，2011年我国木材中小企业的原材料成本、劳动力成本和人民币升值带来的出口成本都有了显著的提高，原木、锯材等原料价格上涨幅度为10%～30%；而木材企业一线工人的工资普遍增加了一倍；人民币累计升值幅度达到了6.6%，三者相加使得中小企业的单位产品平均出口成本上升了20%～40%，可以认为中国木材企业快速扩张的黄金时期已经结束。欧盟新木材法案的实施带来的负面影响，将可能在木材行业中小企业经营环境恶化的基础上，对中国木材行业的中小企业再增加不利影响，所以其不利影响的程度会有叠加放大效应。

第四，中国木材行业的企业盈利空间已经不大，但是却表现出较强的成本上升消化能力。根据国家统计局的企业财务数据，2008年以来中国木材加工及木竹藤棕制造业、木家具制造业、造纸及纸制品业三个行业企业成本利润率基本上是在3.5%～6%波动；分产业来看，木材加工及木竹藤棕制造企业成本利润率呈现出上升趋势，从2008年的4.84%提高到2011年的5.89%，年度平均为5.28%，造纸及纸制品企业成本利润率则存在明显波动，年度平均为5.42%；木家具制造企业成本利润率也呈现增长趋势，从2008年的3.53%增长到2011年的5.03%，年度平均为4.29%（图3.1）。可见，中国木材企业的成本盈利空间已经不大，同时也反映了中国木材企业在经营环境恶化的情况下，对成本上升的消化吸收能力较强。

图 3.1　中国木材行业不同产业的成本利润率变化

注：图表数据来源于中经网统计数据库，2011 年数据是前 6 个月平均值。

第4章 欧盟新木材法案对中国木材行业中小企业的经济影响

欧盟新木材法案的实施会对中国木材行业中小企业的财务状况带来影响，同时也会对中国木材行业的经营环境带来影响，因此也就必然会引起中国木材行业中小企业经济行为的调整。本章将主要从中国木材行业经济的角度，通过对中国木材中小企业经济行为调整结果的分析，来判断欧盟新木材法案的实施所产生的经济影响。具体来说，首先分析对企业的技术进步和木材产业转型升级的影响；其次分析对木材行业规模组织结构的影响；然后分析对企业原料购销售方式及其关联产业的影响；最后分析对木材行业企业集聚和空间布局的影响。

4.1 对中国木材行业产业转型升级的影响

4.1.1 欧盟新木材法案的实施带来企业生产要素环境的变化

中国的经济转型已经进入到了一个转折期，一个突出的表现是劳动力的供求关系正在从过去相对过剩的状况转变为相对紧缺的状况。中国的胶合板、木地板行业机械化的程度相对较低，基本属于劳动密集型产业。大型的造纸产业虽然属于高度的资金和技术密集型企业，但是我们调查所看到的中小企业也有相当多是采用传统生产工艺的特种纸生产企业，所以雇用的职工人数也仍然相对较多。因此，这种宏观经济环境的变化对胶合板、木地板和造纸等木材中小企业的影响较大。

根据我们对木材加工企业的调研，大部分企业认为目前存在着招工难的现象。特别是胶合板、木地板等生产企业的一线工人，由于机械化程度相对较低，劳动强度较大，而且企业生产车间的环境相对较差，因此特别是年轻的农民工一般都不愿意到这样的木业企业工作，现有一线工人大多以 35 岁以上的中高龄农民工为主。为了招收到足够的工人，木材中小企业不得不提高工人工资，特别是一线工人的工资上涨幅度较大。与 2008 年相比，目前木材中小企业一线工人的工资水平大多上涨一倍以上，在浙江省嘉善县和江苏省常州市月工资接近 3 500 元，而江苏省邳州市和山东省临沂市月工资也已达到 2 500 元以上。劳动力成本的快速上升已经给劳动密集型的中国木材中小企业提出了新的挑战。

在这样的背景下，欧盟新木材法案的实施将进一步改变中国木材中小企业所面临的生产要素环境。这种改变主要体现在以下两个方面：

第一，欧盟新木材法案的实施将显著提高木材原料的相对价格。根据 3.1.1 的分析试算，无论采用何种应对欧盟新木材法案的方式，都有可能使得中国木材中小企业的木材原料成本上升。当采用森林 FM 认证的木材原料时，将使得木材原料单价提高 10％～30％，而采用合法性认证的国产木材原料时，将可能使木材原料单价提高 2％～5％，采用合法性认证的进口木材原料时，将可能使木材原料单价提高 5％～10％。由于木材原料在胶合板、木地板和造纸产业产品成本中占有较高的比重，这必然会导致中国木材中小企业的生产经营环境发生重要的变化。

第二，欧盟新木材法案的实施将使木材中小企业的盈利来源发生变化。目前中国木材中小企业大多采用 OEM 的贴牌生产方式，因此，盈利的主要来源在于加工收入。而这种加工收入很大程度上与中国劳动力成本相对较低有关，即中国劳动力成本与国外发达国家相比要低很多，所以在中国加工生产的成本相对较低，而由此产生的利润是目前中国木材行业中小企业盈利的主要来源。欧盟新木材法案的实施和中国经济转型的双重压力，将迫使中国的木材中小企业更多地转向依靠产品设计、技术研发等技术进步来获得盈利。

4.1.2　欧盟新木材法案实施后的企业行为适应

为了适应中国经济转型和欧盟新木材法案实施带来的企业经营环境变化，中国木材行业中小企业将有可能调整其企业经济行为。调整的方向是通过企业在生产工艺、中间投入品以及制造技能等方面的革新和改进，逐步用相对价格在降低的现代生产要素替代相对价格在上升的传统生产要素，已达到降低成本增加盈利的目的。根据我们对中国胶合板、木地板和造纸中小企业的调查，企业可能的经济行为调整主要包括以下几个方面：

一是采用资本替代劳动的技术，提高木材企业的机械化和自动化水平。与发达国家木材企业相比，目前中国的胶合板、木地板和传统造纸中小企业都是劳动密集型企业①，机械化和自动化程度相对较低。随着劳动力成本、特别是一线工人工资水平的

---

① 现代造纸企业属于资金和技术密集型企业，相对而言是一个例外。

快速上涨，已经有部分国内中小企业开始考虑增加资本投入，购置更加节省劳动力的机械设备，通过资本替代劳动的方式降低生产成本。例如，B4企业在新建板材生产厂时，就增加了资本投入，配备了先进的人造板生产设备，实现了板材生产拼板、排芯、砂光、锯边自动一体化，从而使得新工厂在同样工序中所使用的一线工人数只相当于老厂的一半。可以预计，欧盟新木材法案的实施将进一步加速这种资本替代劳动的过程。

二是开发采用节约木材原料的新技术，提高木材的综合利用率。自20世纪90年代"天然林保护工程"实施以来，除了人工种植的速生林之外，中国木材原料的生产量显著减少，而中国木材行业的快速发展主要是依赖于进口的木材原料。因此，中国木材行业中小企业一直都较重视开发采用木材原料的节约技术。例如，浙江省木业企业德华集团，为了节省珍贵的木材资源，在不影响产品质量及装饰效果的前提下，将贴面薄木厚度降到0.06～0.08厘米，远低于国外的同类产品0.2～0.3厘米的水平，相当于使得珍贵木材的利用率提高了3倍多。同时，还利用木材加工剩余物及农业生产中产生的秸秆资源生产空心挤压刨花板，利用木材加工的废弃物生产可广泛应用于园林、建筑、装饰等行业的新型木塑复合材料，这两项技术的应用使得企业的木材综合利用率达到了95%以上[①]。而我们调查的B1和C4企业则都通过利用秸秆替代木材的方式，来生产加工木材替代产品，以回避木材原料的成本上升。可见，欧盟新木材法案的实施所带来的木材原材料价格上涨，必将进一步促进企业开发和采用节约木材原料的新技术。

三是促使企业注重产品设计、塑造品牌形象，提高企业的综合竞争力。在企业调查中，我们发现部分中国中小企业的负责人，已经意识到中国传统的木材加工业受资源、劳动力和汇率等因素的影响，产品的竞争优势将会逐渐丧失。特别是欧、美等发达国家相继实施新的木材法案后，企业生产成本必将进一步大幅度上涨，如果企业仍采用贴牌订单生产的出口销售方式，由于无定价权，出口产品的利润空间将越来越少。因此，营销和品牌的建立将是企业未来的重要盈利增长点，企业必须从产品的渠道、管理、品质、款式、色调、价格、质量保证及售后服务等方面树立品牌形象，搞好品牌建设、提高企业的核心竞争力。例如，我们调查的B3企业已经于2008年开始

---

① 资料来源于《丁鸿敏：创新"三十六计"》，网址：http://china.toocle.com/cbna/item/2008-09-016/3775066.html。

在美国洛杉矶成立销售分公司，主打自己的产品品牌，2010 年和 2011 年又相继在加拿大和澳大利亚设立销售分公司，开始尝试全面发展自主品牌，建立自己的国外营销网络。

4.1.3 欧盟新木材法案将进一步促进中国木材行业的转型升级

应对欧盟新木材法案实施的上述企业经济行为调整，将进一步促进中国木材行业正在发展过程中的产业转型升级，这种产业转型升级主要体现在以下两个方面：

第一，向资本密集型方向的转型升级。中国木材行业已经开始了向资本密集型的转型升级过程。根据中国经济普查数据，与 2004 年相比，2008 年木材加工及木、竹、藤、棕、草业每万元企业资产的就业人数由 0.25 下降到 0.17，下降了 0.08；每万元产值的就业人数由 0.08 人下降到 0.02，下降了 0.06。同期造纸及纸制品业每万元企业资产的就业人数由 0.14 下降到 0.08，也下降了 0.06；每万元产值的就业人数由 0.05 下降到 0.02，下降了 0.03（表 4.1）。欧盟新木材法案的实施将继续促进中国木材行业向资本密集型方向的进一步转型，预计每万元企业资产和每万元产值的就业人数将加速继续下降。

表 4.1　向资本密集型方向的转型升级与欧盟新木材法案的影响

	2004 年	2008 年	变化	法案的影响
木材加工及木、竹、藤、棕、草业				
行业总企业资产（亿元）	621.35	773.98	152.63	加速增加
行业总就业人数（万人）	157.52	131.30	−26.22	加速减少
万元资产的就业人数（人/万元）	0.25	0.17	−0.08	加速减少
万元产值的就业人数（人/万元）	0.08	0.02	−0.06	加速减少
造纸及纸制品业				
行业总企业资产（亿元）	1 449.23	2 005.72	556.49	加速增加
行业总就业人数（万人）	200.90	151.92	−48.98	加速减少
万元资产的就业人数（人/万元）	0.14	0.08	−0.06	加速减少
万元产值的就业人数（人/万元）	0.05	0.02	−0.03	加速减少

注：根据 2004 年和 2008 年全国经济普查数据计算整理。

第二，向科技密集型方向的转型升级。中国木材行业已经开始了向科技密集型产业的转型升级过程，表现为：①开展科技研发活动的企业比重显著提高。与 2004 年相

比，2008年木材加工及木、竹、藤、棕、草业研究与试验发展活动的企业比重由
1.71％上升到2.18％，提到了0.47个百分点，有新产品开发的企业比重由1.85％上
升到3.29％，提高了1.44个百分点。同期，造纸及纸制品业有研究与试验发展活动
的企业比重由2.27％上升到2.93％，上升了0.66个百分点；有新产品分开发的企业
比重由2.30％上升到3.79％，提高了1.49个百分点。②专利和新产品开发数目快速
增加。与2004年相比，2008年木材加工及木、竹、藤、棕、草业新产品开发数目由
213项增加到616项，增加了403项，专利申请数由225项增加到853项，显著增加了
628项。同期，造纸及纸制品业新产品开发数目由450项增加到997项，增加了547
项，专利申请数由207项增加到715项，显著增加了508项。③新产品开发与技术改
造经费较快增长。与2004年相比，2008年木材加工及木、竹、藤、棕、草业新产品
开发经费由2.81亿元增加到10.52亿元，增加了7.7亿元，技术改造经费由7.93亿
元增加到17.97亿元，增加了10.04亿元。同期，造纸及纸制品业新产品开发经费由
9.60亿元增加到30.39亿元，增加了20.79亿元；技术改造经费由30.41亿元增加到
60.90亿元，增加了30.49亿元（表4.2）。欧盟新木材法案的实施将促使企业更加重
视新产品开发、技术改造等研发活动，增加对相关研发活动的资金投入，从而进一步
提高行业整体的科技密集程度。

表4.2 向科技密集型方向的转型升级与欧盟新木材法案的影响

技术进步各项指标	2004年	2008年	变化	法案的影响
木材加工及木、竹、藤、棕、草业				
有研究与试验发展活动的企业比例（％）	1.71	2.18	0.47	加速增加
有新产品开发的企业比例（％）	1.85	3.29	1.44	加速增加
专利申请数（项）	225	853	628	加速增加
新产品开发项目数（项）	213	616	403	加速增加
新产品开发经费（亿元）	2.81	10.52	7.71	加速增加
技术改造经费支出（亿元）	7.93	17.97	10.04	加速增加
造纸及纸制品业				
有研究与试验发展活动的企业比例（％）	2.27	2.93	0.66	加速增加
有新产品开发的企业比例（％）	2.30	3.79	1.49	加速增加
新产品开发项目数（项）	450	997	547	加速增加
专利申请数（项）	207	715	508	加速增加

（续）

技术进步各项指标	2004 年	2008 年	变化	法案的影响
新产品开发经费（亿元）	9.60	30.39	20.79	加速增加
技术改造经费支出（亿元）	30.41	60.90	30.49	加速增加

注：根据 2004 年和 2008 年全国经济普查数据计算整理。

4.2 对中国木材行业产业组织结构的影响

4.2.1 欧盟新木材法案对不同规模企业影响的差异性

从整体上来看，中国木材行业呈现出以中小企业为主的产业组织结构。根据 2008 年规模以上企业的统计数据和经济普查数据，从中小企业占全部企业数的比重来看，全部木材行业为 98.07％，胶合板产业为 99.91％，木地板产业为 99.55％，造纸产业为 99.36％，可见中小企业占有极大的比重。即使是仅从出口企业来看，中小企业也占了绝大部分。2008 年在出口企业总数中中小企业所占的比重，全部木材行业为 95.37％，胶合板产业为 98.34％，木地板产业 93.26％，造纸产业为 74.87％。因此，欧盟新木材法案的实施将对中国木材行业的中小企业产生极为重要的影响。但是，具体到中小企业内部，欧盟新木材法案的实施对不同规模企业的影响具有显著的差异性。

第一，欧盟新木材法案对规模较小企业的不利影响程度相对较重。根据有关欧盟新木材法案实施的财务影响分析，对规模较小企业在成本上升方面的不利影响至少包括以下几个方面：①对于微型企业和部分规模较小的小型企业而言，采用森林认证应对方式时一次性的认证费用支出，可能成为本企业较沉重的一个负担；②由于规模较小企业的产量较低，针对欧盟新木材法案所采取应对时的一次性投入分摊到单位平均产品成本中的成本上升部分比规模较大的企业相对较大；③通常规模较小的木材企业中，木材原材料成本占产品成本中的比重相对较大，因此欧盟新木材法案实施后原材料成本上升对其产品平均成本影响程度也会相对较大；④规模较小的企业进行欧盟新木材法案应对时的调整空间相对较小，因此在应对调整时其所面临的风险也会相对较大。

第二，欧盟新木材法案对规模较大企业的不利影响程度相对较轻。一方面，在采取同样的应对方式时，规模相对较大的中型企业会因为一次性应对投入的分摊成本相对较小和原材料成本占产品成本中的比重相对较小，从而使得欧盟新木材法案实施对其成本上升的影响程度相对较小。另一个方面，在应对欧盟新木材法案实施时，规模较大的中型企业有可能采取一些措施来增加产品的销售收入。①可能采取森林认证的应对方式时，将有可能获得欧盟消费者对经过森林认证产品的额外支付溢价，从而提高其销售收入；②由于部分企业可能放弃出口欧盟市场，则规模较大的中型企业有可能通过向欧盟出口销售规模的扩大和出口市场份额的提高而增加收入；③规模较大的部分中型企业可能通过产业链延伸或者与原料生产厂商建立企业联盟的方式，来应对木材原料成本的上升，减弱欧盟新木材法案实施的不利影响①。

4.2.2 不同规模中小企业不同的规模调整方式

针对上述欧盟新木材法案对不同规模中小企业影响的差异性，中国木材行业不同规模的中小企业完全可能采取不同的规模调整方式。

第一，较大规模的中型企业可能采取相对积极的规模调整方式。根据我们的企业调查，在胶合板和木地板产业的中小企业中，已经有一些规模较大、实力较为雄厚的企业，提前为应对欧盟新木材法案做好了准备工作，甚至一些企业将以欧盟新木材法案的实施为契机，采取积极的规模调整方式，扩大对欧盟市场的出口量。例如，我们调查的 A5 企业为了进入欧盟市场，已通过了 ISO 09001：2008 国际质量体系认证、ISO 14001：2004 环境管理体系认证、欧盟 CE、德国 BFU 及 FSC/CoC 认证。此外，企业还实施以品牌取胜的战略，努力获得产品的定价权，目前已在国外注册商标，并准备逐步将其打造为世界知名品牌。我们调查的 A4 企业，产品 98% 出口欧洲，企业负责人认为木材合法性认证虽然可能提高企业的产品成本，但是由于企业在欧洲市场有稳定的客户，彼此信赖，长期来看只要跨过了应对门槛，则完全可能扩大出口销售规模，从而增加盈利，所以企业准备积极应对，甚至以此契机扩大对欧洲的产品出口。对于这些企业来说，欧盟新木材法案的实施可能将是企业进一步发展的机遇。这些采取了较为严格应对方式的企业，完全有可能扩大向欧盟市场的出口量，提高在欧盟出口市场的份额。这样的中型企业的生产规模完全有可能继续扩大，甚至成长为木

---

① 此外，欧盟对获得了森林认证的木材产品还实行了进口关税的折扣政策，这也是对规模较大企业的影响相对有利。

材行业中为数不多的大型企业。

第二，规模较小的小微企业和部分中型企业可能采取相对被动的规模调整方式。根据我们的企业调查，在人民币迅速升值、劳动力成本和原材料成本快速上涨的企业经营环境背景下，中国木材行业中小企业的利润空间已经很小，部分企业已经开始出现放弃出口订单的情况。因此可以预见，如果木材产品的订单销售价格没有较快的上升，则欧盟新木材法案的实施将首先使得部分规模较小的小微企业和中型企业放弃欧盟市场。在我们调查江苏省常州市横林镇强化木地板企业集聚地时，所走访的企业中就有 3 家企业表示在欧盟新木材法案实施后将做出退出欧盟市场的选择。其重要原因是规模较小企业应对的一次性投入负担较大，而且可能带来的成本上升影响程度较大，而这些企业又缺乏增加销售收入和降低成本的应对空间。根据对我们所调查的 27 家企业和委托进行问卷调查的 36 家强化木地板企业共计 63 家木材中小企业的调查统计[1]，目前产品出口欧盟的企业有 28 家，其中，有 17 家企业表示在欧盟新木材法案实施后将减少对欧盟的出口量。

对于退出欧盟市场的木材企业而言，转向国内市场是较为现实的选择。但是，这样的选择会面临着两个重要的制约：一是中国国内市场销售网络主要是由大型企业所控制的，规模较小的企业要建立自己的营销渠道不仅投资巨大而且风险巨大；二是由于中国实施的对房地产市场的宏观调控政策，造成对木材产品的市场需求缩小。在这样的情况下想在国内木材产品市场立住脚，对于规模较小的小微企业和部分中型企业而言是非常不容易的，因此，极大的可能是会有相对部分的小微企业和部分中型企业在选择放弃欧盟市场时，也就意味着可能退出木材行业。

4.2.3 不同规模调整方式引起的产业组织结构变化

中国木材行业的产业组织结构虽然呈现出以中小企业为主的特点，但是从发展趋势上来看，大型企业和规模较大的中型企业呈现出增加的趋势，特别是大中型企业的产值、资产数量所占的比重呈现出不断上升的趋势。欧盟新木材法案的实施将进一步加速中国木材行业产业组织结构变化的这种趋势。

第一，中国木材产品的出口企业将逐步转向以大中型企业为主。欧盟新木材法案

---

① 项目组在江苏省横林镇进行企业访谈调查后，委托常州地板协会开展了对强化木地板企业的问卷调查，共收回调查问卷 40 份，其中有效问卷为 36 份。

实施后，规模较小的小微企业和部分中型企业，可能受到应对成本的影响而放弃向欧盟出口。考虑到美国已经实施了雷斯法案修正案，因此放弃出口欧盟的这部分企业转向美国市场的可能性不大，加上除欧盟和美国之外的木材产品出口市场容量相对有限，因此这部分企业基本上意味着要放弃出口市场。在欧盟和美国等发达国家对中国木材产品的进口需求客观存在的情况下，小微企业和部分中型企业放弃的出口份额将由规模较大的中型企业和大型企业来填补。因此，中国木材产品出口企业的分布，虽然还将继续以中小企业为主，但是将越来越集中于规模相对较大的中型企业，同时随着部分规模较大的中型企业的发展，可以预计会出现更多的出口导向型的大型木材企业。

第二，中国木材行业的企业规模分布将进一步向大中型企业方向集中。不仅中国木材产品的出口企业将进一步向大中型企业集中，随着小微企业和部分规模较小的中型企业可能放弃木材产品的生产，中国木材行业的整体产业组织结构也将会有所改变，小微企业甚至是中型企业之间有可能加速出现企业的并购整合，从而使得大中型企业在木材行业整体中所占的份额会进一步扩大。与 2004 年相比，2008 年木材加工及木、竹、藤、宗、草业规模以上企业所占的比重提高了 4.28 个百分点，而造纸及纸制品业规模以上企业所占的比重提高了 1.46 个百分点（表 4.3）。根据上述企业规模调整方式的选择，较多的小微企业有可能选择转向国内市场，但考虑到木地板等产品的国内的全国性市场主要由大型企业所占据的特点，木地板产业的小微企业和规模相对较小的中型企业将可能主要转向国内地方性的区域性市场。同时，国内市场销售营销渠道建立所需要的巨大投入和较高风险，也会提高木材行业小微企业的进入门槛。

表 4.3　中国木材行业规模以上企业所占的比重变化与欧盟新木材法案的影响

规模以上企业数所占的比重（%）	2004 年	2008 年	变化	法案的影响
木材加工及木、竹、藤、棕、草业	12.56	16.84	4.28	加速增加
造纸及纸制品业	18.81	21.27	2.46	加速增加

注：根据 2004 年和 2008 年全国经济普查数据计算整理。

第三，中国木材行业各产业的企业平均规模将进一步扩大。2004 年至 2008 年间，中国木材行业整体以及各产业的企业平均规模，除了企业平均的就业人数规模全部呈现为缩小之外，无论是企业平均的资产规模还是企业平均的业务收入规模都已经呈现出扩大的趋势。例如，胶合板制造业，企业平均的资产规模从 1 743 万元增加到 1 847 万元，

扩大了 104 万元，企业平均的营业收入规模从 2 586 万元扩大到 4 515 万元，扩大了
1 929万元。木地板所在的建筑用木料及木材组件加工制造业和造纸产业也是如此，企
业平均的资产规模和营业收入规模都显著扩大（表 4.4）。欧盟新木材法案的实施，将
进一步促进中国木材行业企业平均规模的扩大。

表 4.4　中国木材行业的企业平均规模变化与欧盟新木材法案的影响

	2004 年	2008 年	变化	法案的影响
胶合板制造业				
平均每个企业资产（百万元）	17.43	18.47	1.04	加速增加
平均每个企业业务收入（百万元）	25.86	45.15	19.29	加速增加
平均每个企业职工人数（人）	149.84	128.60	−21.24	加速减少
建筑用木料及木材组件加工制造业				
平均每个企业资产（百万元）	30.44	32.25	1.81	加速增加
平均每个企业业务收入（百万元）	31.75	52.78	21.03	加速增加
平均每个企业职工人数（人）	133.47	128.90	−4.57	加速减少
造纸产业				
平均每个企业资产（百万元）	84.01	130.38	46.37	加速增加
平均每个企业业务收入（百万元）	60.62	115.93	55.31	加速增加
平均每个企业职工人数（人）	230.03	204.78	−25.25	加速减少

注：①是对规模以上企业的统计数据。

②根据 2004 年和 2008 年全国经济普查数据计算整理。

4.3　对中国木材企业购销方式与关联产业的影响

4.3.1　欧盟新木材法案对木材企业购销商业模式影响的差异性

欧盟新木材法案对木材来源合法性和产销流程可追溯性的要求，对购销商业模式
不同的中国木材中小企业的影响具有差异性。

第一，欧盟新木材法案对企业木材原料采购来源地的影响具有差异性。首先，欧
盟新木材法案的实施对采用国产木材原料与进口木材原料的影响具有差异性。采用合
法性认证的应对方式时，国产木材原料的单价上升程度要低于进口木材原料。其次，
即使同样是采用进口木材原料的企业，从产销流程的透明性来看，来自于欧美等发达

国家的木材原料更有利于保证合法性和产销流程的可追溯性。因此，欧盟新木材法案对进口木材原料主要来自于欧美等发达国家的企业的影响相对较小。

第二，欧盟新木材法案对企业不同原料采购方式的影响具有差异性。不同的木材原料采购方式对产销追溯的难易程度不同。越是采用相对松散的木材原料采购方式，木材原料的可追溯性就越差。如果中国木材中小企业是从特定的原料企业采购原料，其木材原料的可追溯性显然要比从木材交易市场上采购的木材原料要容易一些。因此，欧盟新木材法案实施后，对企业所采用的不同原料采购方式所带来的影响也会有所不同。

第三，欧盟新木材法案对企业不同的产品销售方式的影响具有差异性。对于同样是出口销售的企业而言，显然采用直销或者有相对稳定客户关系的企业，其木材产品的可追溯性要比采用相对松散的销售方式时更加容易一些。因此，欧盟新木材法案对企业不同销售方式的影响也会不同。

4.3.2 木材中小企业购销行为的可能调整方向

欧盟新木材法案对中国木材企业购销商业模式影响的上述差异性，将促进中国木材行业的中小企业在购销方式上朝着如下的几个方向进行调整。

第一，尽可能地采用国产木材原料，减少对进口木材原料的依赖性。在国内木材原料可以满足需要时，由于采用进口木材原料的应对成本要高于国产木材原料，因此中国木材行业中小企业将会尽可能地采用国产木材原料。同时，也会加大利用国产的其他纤维材料来替代木材原料技术的研发工作，例如可能通过技术进步，寻求以国产的作物秸秆来替代木材原料。

第二，改变进口木材原料的来源地，增加使用从发达国家进口的木材原料。目前中国木材加工企业所使用的进口木材原料（原木、锯材和木浆）主要来自俄罗斯、东南亚国家、巴西、加蓬、所罗门群岛及巴布亚新几内亚等国家和地区。2010年，中国原木进口中从俄罗斯、巴布亚新几内亚、马来西亚、加蓬进口的原木占原木总进口量的66.6%；锯材进口中从俄罗斯、泰国、印度尼西亚和马来西亚进口的锯材占锯材总进口量的41.8%；木浆进口中从巴西、印度尼西亚和俄罗斯进口的木浆占木浆总进口量的35.9%[①]。由于上述国家和地区的森林管理存在较多的问题，较难保障来自这些

---

① 数据来源于 UN COMTRADE 数据库。

国家或地区的进口木材原料的合法性和可追溯性。因此，欧盟新木材法案实施后，中国木材加工企业为了降低应对成本，将有可能改变进口木材原料的来源地，转向更多地从欧美等发达国家进口木材原料。

第三，减少直接从木材交易市场采购原料的方式，更多地采用相对稳定的木材原料采购方式。目前，中国木材加工企业中，有不少的中小企业直接从木材交易市场采购原料。由于从木材交易市场采购的木材原料，大多很难核查其木材原料的来源地和产销流程，因此欧盟新木材法案实施后，准备继续向欧盟出口木材产品的中小企业，为了确保其所购买的木材原料的可追溯性，减少核查成本，可能减少甚至完全放弃从木材交易市场采购木材原料的方式，转向从信誉良好的稳定的供应商或企业自建的木材供应基地获取木材原料的方式。例如，我们调查的 A10 企业，为了保证产品的来源合法性和可追溯性，提高企业声誉，便于将产品销往欧美等发达国家，已经全部从美国、加拿大等国进口经过 FSC/FM 认证的木材原料，并在采购进口木材原料时要求木材原料供应商配合提供核查原料来源和产销流程的单据文件。B4 企业一方面通过在所在乡村建立林业基地的方式，另一方面通过企业自己植树造林的方式（目前已经造林 20 公顷）来保证木材原料的供应。A11 企业则通过与特定的木材原料供货商建立稳定客户关系的方式采购木材原料，并尽可能地减少从木材交易市场上购买木材原料。B10 企业在印度尼西亚、巴西、非洲建立了三个木材原料加工基地和 20 多个木材原料联营工厂。上海一家地板企业则在巴西收购了 1 000 千米^2 的林地，目前企业 70% 的原材料来自企业自身在巴西的木材原料基地[①]。

第四，减少 OEM 贴牌生产的方式，更多地尝试企业自主品牌的直销方式。目前，中国木材中小企业大多采用 OEM 贴牌生产的方式，而且在木地板、胶合板等产业中，一般都采用通过采购商的方式。这样的产品销售方式，不仅中国木材企业大多不能获得产品的定价权，从而使企业的利润空间受到严重挤压，同时，由于木材产品销售环节的增多，链条的延长，也会增加木材可追溯的难度。因此，欧盟新木材法案实施后，将有可能使得中国木材中小企业的产品出口销售方式发生变化。根据对我们所访谈调查的 27 家企业和委托进行问卷调查的 36 家企业[②]，共计 63 家木材中小企业的调

---

① 资料来源于《原木材原料供应吃紧，国内企业将面难关》，网址：http://www.yanmo.net/zx_view.asp? News ID=43322。

② 项目组在江苏省横林镇进行企业访谈调查后，委托常州地板协会开展了对强化木地板企业的问卷调查，共收回调查问卷 40 份，其中有效问卷为 36 份。

查，全部企业中有95％的企业是通过接受国外订单方式出口，且定价权均为外方控制。欧盟新木材法案实施后，企业产品成本上升的影响，将迫使企业通过提高产品价格的方式来化解压力，而采用OEM贴牌生产方式的企业，由于在产品议价方面处于被动地位，将有可能陷入更加不利的困境。欧盟新木材法案实施后，企业的产品出口将尽可能地减少销售环节，更多地尝试自建海外销售渠道。

4.3.3　对木材产业产业链以及关联产业的影响

欧盟新木材法案实施后所引发的上述企业行为调整，将带来中国木材行业产业链及其关联产业发生如下的变化。

第一，出口企业的木材行业产业链将向着越来越紧密的方向发展。首先，部分中小企业将从目前的木材加工环节向前和向后延伸，发展成为集整个木材行业产业链为一体的综合型企业。向前延伸就是延伸到木材原料的生产与加工环节，即为了确保木材原料来源的合法性和可追溯性，欧盟新木材法案的实施将促使一些企业建立自己的木材原料基地和木材原料生产加工企业。向后延伸就是向产品销售环节的延伸，部分加工企业为了降低欧盟新木材法案对产品出口利润的影响和更好地确保可追溯性，将改变传统的OEM贴牌生产方式，塑造自己的品牌，自建国外的营销渠道。其次，部分中小企业将与原材料供应企业和产品销售企业建立相对稳定的客户关系，甚至发展成为较为紧密的企业联盟。为了更好地确保木材原料的合法性和产销流程的可追溯性，欧盟新木材法案实施后，将促使部分木材加工企业与木材原料提供商和木材产品销售商之间建立相对稳定的企业合作关系，以降低应对成本。

第二，木材原料经由木材交易市场的比重可能下降，甚至形成二元的木材原料采购模式。欧盟新木材法案实施，继续出口的中小企业为了确保木材原料的合法性和可追溯性，一定会减少在国内木材交易市场购买的木材原料，这就可能促使木材原料经由木材交易市场的比重下降。如果木材产品出口企业完全放弃从木材交易市场采购木材原料，则有可能形成完全分离的"二元"木材原料采购模式。在这种模式下，只有供应国内市场的木材加工企业才会从木材交易市场采购原料，而产品出口的木材加工企业则全部会从自建的原料基地或者是相对稳定的供货商处采购所需的木材原料。

第三，出口产品采购商的影响力可能减弱，企业在海外直销的比重上升。目前，在木地板、胶合板等产品的出口时，国外零售商为了回避木材产品的质量和售后服务等方面的风险，尽可能地降低自己所要承担的责任，通常不愿意直接向中国木材行业的中小企业下订单，而是通过对中国和国外的情况相对熟悉的中间人来下订单，这样的中间人就是所谓的采购商。欧盟新木材法案实施后，一方面由于木材原料合法性和产销流程可追溯性的确立，可能提高中国木材行业中小企业的信誉，降低国外零售商对产品质量等风险的担忧；另一方面，中国木材中小企业也想通过减少产品销售的中间环节，扩展产品的利润空间，因此有可能促使出口产品采购商的影响力逐步下降，甚至最后放弃通过采购商的出口产品销售方式。

第四，木材原料的进口来源地发生变化，从发达国家进口的比重会进一步上升。从 2005 年至 2010 年间中国木材原料进口额的构成来看，中国进口木材原料的来源地已经发生一些变化。进口原木中，美国的进口比重从 3.1% 上升到 9.6%，加拿大的进口比重从不足 2% 上升到 3.0%，而从俄罗斯的进口比重显著下降 20 个百分点。锯材进口中，加拿大进口比重从 5.2 上升到 19.6%，美国和新西兰的进口比重虽略有下降但是仍保持在 14.3% 和 3% 的较高水平（表 4.5）。可以预计，随着欧盟新木材法案的实施，从美国、加拿大、新西兰以及欧盟国家进口木材原料的比重将有可能继续上升。

表 4.5　中国木材行业的进口木材原料来源地的变化

单位：%

原　木				锯　材			
2005 年		2010 年		2005 年		2010 年	
俄罗斯	50.0	俄罗斯	30.0	美国	18.0	俄罗斯	23.4
巴布亚新几内亚	8.3	新西兰	13.1	印度尼西亚	12.7	加拿大	19.6
马来西亚	8.3	美国	9.6	泰国	11.4	美国	14.3
加蓬	7.2	巴布亚新几内亚	7.9	巴西	10.8	泰国	12.9
缅甸	4.0	加蓬	5.2	俄罗斯	10.6	印度尼西亚	3.2
刚果	3.6	所罗门群岛	4.7	马来西亚	7.1	新西兰	3.0
美国	3.1	刚果	3.4	加拿大	5.2	马来西亚	2.3
所罗门群岛	3.0	马来西亚	3.4	缅甸	4.2	德国	2.0
德国	2.4	加拿大	3.0	新西兰	3.4	巴西	1.9
几内亚	2.2	喀麦隆	2.5	智利	1.9	秘鲁	1.6
合计	92.1	合计	82.8	合计	85.3	合计	84.2

注：数据来源于 UN COMTRADE 数据库。

4.4　对中国木材行业产业集聚和地区布局的影响

4.4.1　欧盟新木材法案对企业集聚和布局决定因素的影响

中国木材中小企业具有明显的产业集聚的特点，且较为集中地分布在靠近沿海的东部地区。欧盟新木材法案的实施将对决定中国木材企业集聚和地区布局的因素产生如下的影响。

第一，应对欧盟新木材法案所引发的成本压力将促使中小企业尽可能地向运输成本相对较低的区域集中。木材产品的一个重要特点是相对体积较大，运输成本较高。在中国物流成本居高不下的情况下，如何通过降低原料和产品的运输成本将成为决定中国木材企业地理位置选择的极为重要的影响因素。欧盟新木材法案的应对将使中国木材企业面临更大的成本压力，企业在地理位置选择时将更多地考虑运输成本的问题。

第二，应对欧盟新木材法案所引发的品牌营销压力将促使中小企业更多地考虑木材产品的科研实力和配套优势。木材生产加工技术的研发和木材新产品的开发设计能力是影响企业产品质量和品牌盈利能力的关键。欧盟新木材法案实施后，出口企业将更多地考虑通过开发新产品和技术进步来提高盈利能力，因此科研实力和产业配套优势将成为决定中国木材企业地理位置选择更加重要的因素。

第三，应对欧盟新木材法案可能引发的出口纠纷风险将促使中小企业更多地考虑对企业的综合服务水平。投资环境一直是影响中小企业地理位置选择的一个关键因素。但是，对于规模较大的出口企业来说，除了投资硬环境之外，能为企业提供各种便利化服务的投资软环境显得越来越重要。欧盟新木材法案的实施意味着企业在产品出口中可能遭遇的各种贸易摩擦的风险加大，也将会促使企业在地理位置选择上更多地考虑当地政府、行业协会以及其他相关机构对木材企业综合服务水平的高低。

4.4.2　欧盟新木材法案影响下的企业集聚和立地选择行为

在中国木材行业经营环境的变化和欧盟新木材法案的影响下，中国木材中小企业将可能出现如下的企业集聚和立地选择行为。

第一，中国木材出口企业将进一步向沿海东部地区集中。首先，出口企业的产品要通过港口外运，因此为了节省产品从企业到港口的运输成本，出口企业会尽可能地选择向沿海地区，特别是向产品运输较为便利、可以选择成本较低运输方式（例如水运）的地区集中。其次，如果出口产品所采用的木材原料也主要是依赖进口，则从节约运输成本的角度看，更会促进这些企业向沿海靠近港口的区域集中。以木地板和胶合板产业为例，浙江省嘉善县虽然不是木材产地，但却成就了从"三分天下有其一"的胶合板生产基地到"中国木业城"的"零资源经济"神话，一个重要的原因就在于其便利的运输条件和较低的运输成本。一些企业正是看到了这样的优势，才来到嘉善县。例如，我们调查的 D2 企业最早设厂于浙江省庆元县，从 2001 年开始以 OEM 贴牌生产的方式经营木材产品的出口，随着生产规模的扩大，企业所在地的交通相对不便、木材原料和产品"大进大出"带来的运输成本压力，以及在人才引进方面的劣势，成为制约企业发展的重要瓶颈。所以，在 2003 年选择在嘉善县设立分厂，目前已经将企业总部迁入嘉善县。选择在嘉善县的重要原因之一就是看中了嘉善县的交通地理优势可以大大降低木材原料和木材产品的运输成本。而中国造纸企业集中分布在山东、江苏、浙江、广东和福建等沿海省份，也与其"两头在外"的企业购销商业模式下可以节约运输成本有极大的关系。

第二，中国木材中小型出口企业将向东部的产业集聚地进一步集中。东部地区的木业企业集聚地在木材加工技术研发和新产品开发等研发实力、木材产业的产业配套能力和当地政府和行业协会等的综合服务能力上都具有较强的优势，因此欧盟新木材法案实施后，将继续促使中国木材行业的出口中小企业继续向东部的产业集聚地集中。以强化木地板产业为例，江苏省常州市横林镇之所以能够成为一个企业集聚地，除了运输成本的因素之外，产业研发能力和产业配套能力相对较强和综合服务水平相对较高是最为重要的影响因素。根据横林镇木业发展规划，横林地板产业集群计划在技术、装备、资金、人才、信息等创新要素上实现交融共享，通过"整合、创新、提升、合作、发展"来打造区域品牌，要将横林镇建设成为强化木地板的核心技术研发中心、物流交易中心、企业总部所在地，这将可能促进更多的强化木地板企业向横林镇的集中。

第三，以国内木材原料为主的木材原料型生产企业将向木材原料产地集中。以木地板产业为例，在国内木材行业经营环境和欧盟新木材法案的影响下，以国内木材原料为主的基材生产加工企业将可能向国内木材原料产地集中。一方面是由于曾经是承接国际产业转移的主要区域的东部地区，经过多年的发展已经遭遇到水电负荷过重、地价和房租价格飙升、劳动力成本和生活成本提高等瓶颈，从而促使一些企业会将主要依赖国产木材原料的基材生产部分迁出东部地区。另一方面是由于靠近中西部的国内木材原料产地可以节约木材原料的运输成本，另外中西部的土地和劳动力成本相对较低，也会成为吸引以国内木材原料为主的木材加工企业的重要因素。据业内人士测算，如果将产品从沿海运往内陆，仅运输费用每平方米就得多出 7～8 元，按一般厂家的月产量 1.8 万米^2 计算，就得多出十几万元的成本①。在企业调查中，我们发现已经有一些木地板企业，例如我们调查的 A8 和 A9 企业等，都选择在速生材原料产地和劳动力丰富的地区设立基材原料厂，然后运输到沿海地区加工为最终产品，以此来降低成本。中国国内速生材杨树、桉树等主要集中分布在河南、山东、河北、湖北、湖南、广西、四川等省，这些省份有可能逐渐成为以国内木材原料为主的基材企业的集聚地。

4.4.3　中国木材行业产业集聚与地区布局的变化趋势

根据上述的企业调整行为，在中国木材企业经营环境变化和欧盟新木材法案的影响下，中国木材行业的企业集聚和地区布局将向着不同类型企业进一步集中的趋势发展。

第一，东部地区木材企业所占的比重仍将保持在高水平，且将逐步转变为以出口企业为主。根据 2004 年和 2008 年的中国经济普查数据，中国木材加工及木、竹、藤、棕、草业企业东部地区所占的比重略有降低，从 70.74％下降到 68.34％，这可能是由于国内木材原料企业向中西部转移集中的原因。但是就"两头在外"特征极为明显的造纸及纸制品企业而言，东部地区所占的企业数量比重则呈现出明显上升的趋势，从74.91％上升到 76.09％（表 4.6）。可以预计，欧盟新木材法案的实施将继续促进中国造纸企业向东部沿海的集中趋势，而以出口为主、特别是"两头在外"的木地板行业也会进一步呈现出向东部地区集中的趋势。

表 4.6　木材加工业各地区企业所占比重的变化与欧盟新木材法案的影响

	2004 年	2008 年	变化	法案的影响
木材加工及木、竹、藤、棕、草业				
东部地区	70.74	68.34	−2.4	加速减少
中部地区	25.27	27.45	2.18	加速增加

① 资料来源于《地板生产基地挪移，行业扁平化进程加快》，http://www.jiancai365.cn/54 863.htm。

（续）

	2004 年	2008 年	变化	法案的影响
西部地区	3.99	4.21	0.22	加速增加
造纸及纸制品业				
东部地区	74.91	76.09	1.18	加速增加
中部地区	17.50	16.16	−1.34	加速减少
西部地区	7.59	7.75	0.16	加速减少

注：根据 2004 年和 2008 年中国普查数据计算整理。

第二，中西部地区木材加工企业所占的比重有可能上升，但将以国内木材原料的加工企业和内销的中小企业为主。一方面，为了降低东部地区土地和劳动力成本上升所带来的影响，同时也是为了降低欧盟新木材法案应对成本的影响，将有更多的基材产业向国内木材原料特别是速生材生产基地转移集中。在我们的企业调查中，江苏常州市横林镇的部分强化木地板生产企业已经尝试在山东和苏北的速生杨生产基地建立基材企业，而浙江省嘉善县的木业企业也在考虑能否在广西速生桉树生产基地建立原料加工企业。另一方面，产品内销的国内企业将主要转向相对小范围的区域性国内市场，在东部地区市场接近饱和，竞争越来越激烈的情况下，必然会有一些中小企业转向中西部的区域性市场。因此从降低产品运输成本的角度出发，也会有一些中小企业向中西部转移集中。从产业来看，胶合板产业倾向于中西部原料产地集中的可能性较大。这是因为中国胶合板中小企业大部分都采用国内速生材为原料，靠近速生材原材料产地有利于降低运输成本。

第三，现有木材中小企业集聚地整体生产加工实力将进一步增强。随着中国木材产品市场竞争的日趋激烈，同时也是因为欧盟新木材法案影响下企业更加注重产品品牌收益，可以预计虽然现有木材加工企业集聚地的企业数目并不一定会有显著增加，但是木材企业集聚地的生产加工能力将可定会有较大的提高。从生产加工能力上看，中国木材行业的产业集聚有可能进一步加速，特别是现有木地板和胶合板产业中小企业集聚地在整个行业中的地位将会进一步增强。而造纸产业因为将会日益转向以大型企业生产为主的缘故，因此相对分散的企业分布格局将会继续保持下去。

第5章 欧盟新木材法案对中国木材行业 中小企业的社会影响

欧盟新木材法案的实施所带来企业经营环境变化和企业财务状况的变化，将会导致中国木材行业中小企业的经济行为变化，而这种企业经济行为变化将会对社会产生什么样的影响呢？本章的目的就是对欧盟新木材可能导致的中国木材行业中小企业的社会影响进行分析评价。本章将首先分析欧盟新木材法案对中国木材行业劳动就业、农民增收和劳动条件的影响；其次考虑到中国木材中小企业具有产业集聚的特点，分析欧盟新木材法案的实施对产业集聚地社会稳定风险的影响；最后分析欧盟新木材法案对中国木材行业中小企业社会责任的影响。

5.1 对中国木材行业劳动就业和农民增收的影响

5.1.1 木材中小企业是中国实现劳动就业的重要场所

第一，中国木材行业中小企业的就业人数数量庞大。根据 2008 年的企业统计数据，中国木材行业整体的中小企业就业人数为 485.77 万人。中国木材行业大部分的就业者主要是农民工，特别是一线工人几乎全部为农民工。根据国家统计局农民工监测调查报告的数据，2008 年中国外出打工的农民工总数为 1.40 亿人，在本地的农民工数量为 0.85 亿人，两者合计为 2.25 亿人[①]。如果按照此数据计算，在木材行业就业的农民工数量占全部农民工数量的比重超过 2%，也就是说有超过 2% 的中国农民工依靠木材行业维持生计。

第二，木材行业的就业人数中以中小企业为绝对多数。根据 2008 年中国经济普查数据，中国木材行业整体中，中小企业的就业人数占全部企业的比重高达 90.56%。分产业来看，造纸产业中小企业就业人数占全部企业比重相对较低，为 77.44%，而胶合板和木地板产业中，中小企业就业人数占全部企业的就业人数都超过 94%（表 5.1）。

---

① 数据来源于国家统计局，2009 年农民工监测调查报告。

Shennong
Series

表 5.1　2008 年中国木材行业中小企业的就业人数

行业	全部企业 A（万人）	中小企业合计 B=C+D（万人）	中型企业 C（万人）	小微企业 D（万人）	中小企业的比重 B/A（%）
木材行业整体	536.40	485.77	222.59	263.18	90.56
胶合板产业	81.44	79.13	31.50	47.63	97.16
木地板产业	9.50	9.02	3.87	5.15	94.95
造纸产业	111.68	86.49	43.42	43.07	77.44

注：资料来源于 2008 年中国经济普查数据。

第三，胶合板产业和造纸产业中小企业的就业人数都超过了 70 万人。分产业来看，2008 年胶合板产业中小企业就业人数为 79.13 万人，造纸产业中小企业就业人数为 86.49 万人，都超过了 70 万人。木地板产业中小企业的就业人数相对较少，但也超过了 9 万人（表 5.1）。

5.1.2　欧盟新木材法案对中国木材行业中小企业劳动就业的影响

欧盟新木材行业实施后，部分抓住机遇的规模较大的中小企业可能因为出口市场的扩大而增加劳动就业人数，但是从总体上来看可能会使得中国木材行业中小企业的劳动就业数量减少，同时有可能产生部分中高龄农民工的再就业的问题。

第一，欧盟新木材法案的实施将促进中国木材中小企业以资本替代劳动的过程。中国木材企业在快速增长的过程中，已经开始出现了以资本替代劳动的技术进步。根据 2004 年和 2008 年中国经济普查数据，与 2004 年相比，2008 年中国木材加工及木、竹、藤、棕、草业的企业总资产由 621.35 亿元上升到了 773.98 亿元，而其就业人数反而从 157.52 万人下降到 131.30 万人。同期造纸及纸制品业的企业资产从 1 449.23 亿元增加到 2 005.72 亿元，而其就业人数反而从 200.9 万人减少到了 151.92 万人（表 4.1）。欧盟新木材法案的实施所带来的成本上升压力将进一步促使中国木材中小企业通过资本替代劳动的方式来降低企业产品成本。

第二，欧盟新木材法案实施将促使部分中小企业退出出口市场，甚至退出木材行业。欧盟新木材法案的实施及其应对带来的成本上升压力对规模较小的木材中小企业更加不利，这必然将会使得部分规模相对较小的中小企业退出木材产品的出口市场。在国内建立影响渠道投资和风险都很大的激烈竞争环境下，这一部分企业很可能被迫退出木材行业。这样就势必带来部分木材中小企业的职工失去工作机会。根据对受欧盟新木材法案直接影响范围的估计，中国木材行业整体的中小企业中，将有30.28万人受到直接影响，其中本书所关注的木地板、胶合板和造纸产业分别为1.56万人、1.41万人和2.27万人。如果受直接影响的中国木材行业中小企业中有10%的工人将失去就业机会，则中国木材行业整体将可能有30 280人失去原来工作岗位，木地板、胶合板和造纸产业分别有1 560人、1 410人和2 270人失去原来的工作岗位（表5.2）。理论上讲这部分规模较小的企业被迫让出来的市场可以被规模相对较大的中小企业所填补，这会带来一部分新的就业岗位。但是，通常情况下规模较大的中小企业的资本有机构成要高于规模较小的中小企业。也就是说针对同样的资产或者同样的产出而言，规模较大的中小企业所需要的劳动人数将显著少于规模较小的中小企业。因此，总体来看，中国木材行业中小企业的就业人数会进一步减少。

表5.2　欧盟新木材法案对木材行业中小企业劳动就业和农民增收的影响

	受直接影响的就业数量（万人）	可能失业人员数量（人）	失业人员中的中高龄农民工数量（人）	可能失业人员的工资损失（万元）
木材行业总体	30.28	30 280	24 224	90 840
木地板	1.56	1 560	1 248	4 680
胶合板	1.41	1 410	1 128	4 230
造纸	2.27	2 270	1 816	6 810

注：①受直接影响的就业人数数据来自于本书第2章的估计。

②可能失业人员数量是按照受直接影响就业人数的10%估计。

③失业人员中的中高领农民工数量按照可能失业人员数量的80%估计。

④可能失业人员的工资损失按照人均月工资2 500元估计。

第三，欧盟新木材法案的实施将可能带来部分中高龄农民工的再就业问题。根据我们的调查，目前中国木材中小企业就业农民工以35岁以上的中高龄农民工为主。如果失去工作岗位的人数中，有80%属于中高龄农民工，则中国木材行业整体将会有24 224人，木地板、胶合板和造纸产业分别有1 248人、1 128人和1 816人的中高龄农民工需要再就业（表5.2）。这部分中高龄农民工虽然有吃苦耐劳的精神，但是对新知识、新技能的学习能力相对较差，因此一旦失去现有的工作岗位，将比一般的年轻农民工再就业更加困难。

第四，由于木材行业与其他产业之间的传导影响，欧盟新木材法案的实施将会影响到关联产业的劳动就业。一方面欧盟新木材法案实施后将促使企业增加速生材的使

Shennong
Series

用，减少原始森林木材的使用，而速生林需求的增加，将带来其种植面积的扩大，这将带动前向林业劳动力就业的增加。另一方面，欧盟新木材法案促使企业进行品牌和营销渠道的建立，将带动木材加工后向销售劳动就业的增加。反之，同样是由于这样的传导影响，欧盟新木材法案实施后如果造成了木材行业的发展放缓，则也可能对前向的林业和后向的木材产品销售行业的劳动就业带来负面影响。

第五，欧盟新木材法案对劳动就业的影响对不同的中小企业集聚地有所不同。根据对不同的企业集聚地的调研发现，浙江嘉善、南浔和江苏横林等企业集聚地的职工多为外地农民工，而江苏邳州和山东临沂等企业集聚地的职工大部分是当地农民，例如，山东临沂义堂镇板材业及其相关产业吸纳各类劳动力 6 万余人，全镇人口有 85％从事板材加工业，板材业是全镇增加就业、实现农民增加收入的重要途径①。

5.1.3 欧盟新木材法案对中国木材行业带动农民增收的影响

对于经营木材行业中小企业的企业主或者在木材行业中小企业就业的中国农民来说，欧盟新木材法案的实施将可能对其收入水平产生重要的影响。

第一，欧盟新木材法案的实施将进一步压缩木材中小企业的盈利空间，从而降低木材中小企业主的经营收入。根据我们的企业调查，除了一些大型企业和部分规模相对较大的中型企业外，中国大部分的木材中小企业是由农民创办的私营企业。因此，欧盟新木材法案实施所带来的成本压力，会进一步压缩目前本已经不高的盈利空间。同时，欧盟新木材法案的实施可能造成的部分规模较小的中小企业退出口市场，甚至退出木材行业。这些变化都会进一步降低木材中小企业主的经营收入。

第二，欧盟新木材法案实施后仍然在岗的工人工资水平可能进一步上升。考虑到中国目前正处在劳动力就业市场的转型阶段，在全国的许多地区已经出现了"用工荒"的现象。在我们的企业调查中，大多数的木材中小企业主也都提到了目前大多面临了"招工难"，特别是一线工人的"招工难"问题。因此，在欧盟新木材法案实施后，由于木材行业的市场竞争将变得更加激烈，因此，为了留住相对高质量的熟练工人，中国木材中小企业主不得不提高工资。因此，欧盟新木材法案实施后仍然在岗的工人工资水平有可能进一步提高。

---

① 资料来源于《临沂人造板业发展重镇——义堂镇》，网址：http://www.shtimber.com/info/detail.aspx? News ID＝8235。

第三，欧盟新木材实施后部分在岗的工人因为企业缩减工人人数或因为部分企业的退出，可能使其工资收入较快降低。与欧盟新木材法案实施后仍然在岗的工人形成鲜明对照的是，一部分工人有可能因为企业资本替代劳动的过程，或者是因为部分规模相对较小的中小企业的退出而失去工作岗位。根据前文对失业人数的估计，如果按照人均年工资3万元（即月工资2 500元）计算，则中国木材行业整体失业工人的年工资收入损失可能达到90 840万元，而木地板、胶合板和造纸三个产业的年工资收入损失也将分别达到4 680万元、4 230万元和6 810万元（表5.2）。

第四，木材行业中小企业在带动农民增收中的整体贡献率有可能下降。总体来看，虽然欧盟新木材法案实施后仍然在岗的工人工资水平会进一步提高，但是其工资水平的提高幅度和速度将会与农民工所从事的其他行业的水平基本相当，但是中国木材行业中小企业就业的农民工数量会显著减少，因此，从总体上来看，欧盟新木材法案的实施很可能导致中国木材中小企业在带动农民增收中的整体贡献率下降。

5.1.4　欧盟新木材法案对中国木材中小企业职工劳动条件的影响

欧盟新木材法案的实施及其应对所带来的中国木材行业中小企业经济行为的变化，将对中国木材中小企业职工的劳动条件带来如下的影响：

第一，资本替代劳动的过程将促使中国木材中小企业职工劳动环境条件的改善。欧盟新木材法案的实施，在国内木材行业经营环境变化的过程中，将进一步促进中国木材中小企业以资本替代劳动的过程。在这一过程中，随着中国木材行业机械化和自动化程度的提高，中国木材行业中小企业职工的劳动强度有可能进一步降低，而一线工人的劳动场所的环境条件也有可能得到进一步的改善。但在同时，为了适应新机械的投入和生产线的改进，中国木材中小企业对一般职工的素质要求也会同时提高。为了适应这种变化，企业除了尽可能地留住一些熟练工人之外，可能需要增加对一般工人的知识和技能培训，从而增加一部分成本支出以提高一线职工的基本素质。如果中国木材中小企业的一线工人的基本素质不能适应企业技术改造和技术进步的要求，则可能增大中国木材中小企业一线工人受到意外伤害的风险。

第二，企业产销流程等的规范化管理可能带来中国木材中小企业职工各种劳动保障制度和措施的完善。为了应对欧盟新木材法案的实施，中国中小企业需要建立完备的产销履历制度，这样可以促使中国木材企业的管理走向更加规范、更加科学和更加合理。中国木材中小企业在管理规范化的同时，也会促进企业在职工管理方面的规范化。这种规范化将会有利于企业更加严格的执行各项劳动保障制度，提高中国木材中小企业职工的劳动保障水平。同时，欧盟新木材法案实施所带的木材行业竞争的更加激烈化，也会促使企业通过完善各种劳动保障制度和措施来争夺相对高素质的熟练工人，这也利于中国木材中小企业职工劳动保障程度的提高。当然，欧盟新木材法案实施带来的成本上升压力，也有可能影响企业改善职工劳动保障程度的能力，这会从负面影响到中国木材中小企业职工的劳动保障水平的提高。但是，从总体而言，欧盟新木材法案的实施对中国木材中小企业职工劳动保障程度的影响将可能是正面的。

5.2 对中国木材行业企业集聚地社会稳定风险的影响

5.2.1 中国木材行业中小企业具有显著的企业集聚特点

我国木材加工企业主要分布在东北接壤俄罗斯的边境地区，长江三角洲、广东福建等沿海地区，以及包括北京和天津的渤海湾地区，而且在这些地区形成了几个重要产业集聚地。根据南京林业大学国家林业局林产品经济贸易研究中心的调查，2009 年中国木材行业企业集聚地的基本情况如表 5.3 所示。就本书所主要关注的胶合板、木地板和造纸产业而言，造纸企业虽然相对集中分布在沿海的山东省、江苏省、浙江省、广东省和福建省，但是企业形成集聚地的特征并不明显，而胶合板和木地板产业的集聚特征非常明显。

表 5.3　2009 年中国木材加工行业的主要企业集聚地

企业集聚地	加工产品	年产量
内蒙古自治区满洲里市	俄罗斯针叶锯材，集成材，家具构件	600 万米^3
内蒙古自治区二连浩特市	俄罗斯阔叶集成材、门、板材、檩条、家具板	60 万米^3
黑龙江省绥芬河市	俄罗斯针叶及阔叶锯材，集成材，家具构件，实木地板，家具，人造板	100 万米^3
黑龙江省哈尔滨、齐齐哈尔、伊春市、大庆市、牡丹江、七台河市	龙江森工集团现有木材生产能力 1 260 万米^3，锯材生产能力 198 万米^3，人造板生产能力 98 万米^3；其他家具企业	人造板年 300 万米^3，家具出口 20 亿元
吉林省	吉林森工人造板 60 万米^3，复合地板 1 000 万米^2	90 万米^3

（续）

企业集聚地	加工产品	年产量
河北省左各庄镇、霸州市、邢台市、正定县	人造板制造企业 2 500 家	1 000 万米^3
山东省临沂市、青岛市、德州市、菏泽市	中国三大板材生产基地之一，人造板制造企业 2 600 家，家具企业 700 家	人造板 1 200 万米^3，家具产值 500 亿元
江苏省邳州市、丹阳市	中国三大板材生产基地之一，人造板制造企业 3 000 家	出口 500 万米^3
浙江省湖州市南浔区、嘉善县杭州市、绍兴市、温州市、玉环县、海宁市、嘉兴市	家具，地板	竹木地板 6 000 万米^2，人造板 200 万米^3
广东省东莞市、佛山市、大岭镇、深圳市、中山市、广州市	规模以上家具企业 6 000 多家，人造板企业 3 000 多家	家具总产值 1 600 亿元，人造板 660 万米^3，其中刨花板 150 万米^3，密度板 320 万米^3
福建省泉州市、厦门市、漳州市	人造板企业 1 000 家	人造板年 300 万米^3，家具 1 000 万件，产值 120 亿元
四川省成都市新都区、崇州市、彭州市，德阳市、南充市、眉山市、广元市	家具	200 亿元

资料来源：南京林业大学国家林业局林产品经济贸易研究中心网站，2012 年 2 月 13 日查询，网址为：http：//www.rcetfor.org/show_Science.asp？id=277。

中国胶合板产业主要有以下 4 个重要的企业集聚地，即江苏邳州、山东临沂、河北文安和浙江嘉善。江苏省邳州市有 2 000 多家胶合板企业，而且大多数企业的产品出口，2009 年出口超过 400 万米^3。山东省临沂市有近 2 000 家胶合板企业，2009 年生产胶合板近 1 000 万米^3。河北省文安县有近 2 000 家胶合板企业，2009 年消耗木材 700 万米^3，实现产值 60 亿元。浙江省嘉善县有胶合板企业数百家，2009 年胶合板产量超过 100 万米³。

中国木地板产业主要分布在东北三省、天津市、上海市、四川省、云南省、广东省、陕西省、江苏省和湖北省等地。其中实木地板主要产区分布在长江三角洲、珠江三角洲、环渤海地区和东北林区。浙江省湖州市南浔区是我国实木地板生产企业最大的集聚地，2009 年南浔区地板类企业达 1 000 多家，主要以生产实木地板为主。实木复合地板产地分布相对较为分散，在广东省、江苏省、吉林省、上海市、天津市、浙江省、辽宁省、黑龙江省等地都有生产，吉林省敦化市是近些年快速发展起来的主要以生产实木复合地板为主的企业集聚地。强化木地板企业主要分布在江苏省、广东省、辽宁省、四川省、湖北省、湖南省等地，其中江苏省常州市武进区的横林镇是中国强化木地板生产企业的最大聚集地。截至 2010 年底，横林镇强化木地板产业集群已拥有地板终端企业 175 家，防静电地板企业 35 家，相关配套企业 230 余家，从业人员达 3 万余人。

5.2.2 对中国木材行业的不利影响在企业集聚地可能产生集中放大效应

由于木材行业在木材中小企业集聚地的整体经济中占有非常重要的地位，因此欧盟新木材法案的实施一旦带来不利影响，则可能会在木材中小企业集聚地产生集中放大效应。

第一，对木材中小企业集聚地经济增长的集中放大效应。根据可以收集的木材行业企业集聚地的数据，我们发现木材行业产值在当地总产值中占有很高的比例。在木地板企业集聚地敦化市、南浔区和横林镇，以及胶合板企业集聚地文安县，其木材企业的产值占当地总产值的比重均超过 50%；比重最高的南浔区，木业产值占工农业总产值的比重达到了 80.86%；相对较低的邳州市，其木材行业产值占当地总产值的比重也在 43% 以上。因此，尽管欧盟新木材法案对中国木材行业不一定会带来十分严重的不利影响，但是一旦木材产业出现负增长，则对木材中小企业集聚地的经济增长会带来较大的负面影响。根据测算，如果木材行业产值降低 5%，则木材企业集聚地的经济增长将可能降低在 2% 以上，而木材行业所占产值比重较高的南浔区则可能是整体经济下降超过 4%；如果木材行业产值降低 10%，则木材企业集聚地的经济增长可能下降超过 4% 以上，木材行业行业所占的产值比重较高的南浔区则可能下降超过 8%（表 5.4）。

表 5.4　木材行业在企业集聚地经济发展中的地位与欧盟新木材法案的影响

集聚地	年份	总产值	木材行业产值	占比（%）	法案的影响 *	
					−5%	−10%
敦化市	2009	工业产值 112 亿元	58 亿元	51.79%	−2.59%	−5.18%
文安县	2009	生产总值 108 亿元	人造板产值 60 亿元	55.56%	−2.78%	−5.56%
邳州市	2010	生产总值 364 亿元	160 亿元	43.96%	−2.20%	−4.40%
南浔区	2009	工农业总产值 206.01 亿元	166.57 亿元	80.86%	−4.04%	−8.09%
横林镇	2010	工业总产值 154.6 亿元	86 亿元	55.63%	−2.09%	−4.17%

注：①* 法案的影响是指一旦木材行业产值下降 5% 或者 10% 可能带来的企业集聚地整体经济增长率的
下降幅度。

②资料来源于项目组的调查数据和集聚地政府部门的相关网站。

第二，对木材中小企业集聚地财政收入影响的集中放大效应。根据可得的木材中小企业集聚地的数据来看，在胶合板集聚地临沂市和文安县，以及强化木地板企业集聚地横林镇，木材行业的利税额占当地财政收入的比重都超过了 30%，在比重较高的横林镇，木业行业的利税额更是占了当地财政收入的 42.67%。因此，欧盟新木材法案一旦产生不利影响就有可能对企业集聚地的财政收入产生较大的影响。如果木材行业企业的利税额下降 5%，则可能使文安县、临沂市和横林镇等企业集聚地的财政收入下降超过 1.5%，即使是木业企业利税额占当地财政收入比重较小的南浔区，也会使其财政收入下降接近 0.5%。如果木材行业企业的利税额下降 10%，则可能使企业集聚地的财政收入下降超过 3%，即使是木材行业利税额占当地财政收入比重较小的南浔区也可能会使其财政收入下降接近 1%（表 5.5）。

表 5.5　木材行业在企业集聚地财政收入中的地位与欧盟新木材法案的影响

集聚地	年份	财政收入	木材行业利税额	占比（%）	法案的影响 *	
					−5%	−10%
文安县	2007	5.20 亿元	1.72 亿元	33.08%	−1.65%	−3.30%
临沂市	2009	91.5 亿元	规模以上板材企业实现利税 30.3 亿元	33.11%	−1.66%	−3.31%
南浔区	2009	75.46 亿元	规模以上木业企业实现利税 7.35 亿元	9.74%	−0.49%	−0.97%
横林镇	2010	4.99 亿元	2.129 亿元	42.67%	−2.13%	−4.27%

注：①* 法案的影响是指一旦木材行业利税额下降 5% 或者 10% 可能带来的企业集聚地财政收入的下降
幅度。

②资料来源于项目地的调查数据和集聚地政府部门的相关网站。

第三，对木材中小企业集聚地劳动就业影响的集中放大效应。除了上述对木材中小企业经济增长等方面影响的集中放大效应之外，应对欧盟新木材法案实施的企业调整可能使得一部分工人失去就业岗位，由于企业集聚的特点，由此产生的工人失业、部分工人工资收入水平下降等可能影响社会稳定的因素，也会在木材中小企业集聚地表现得更加突出。

5.2.3 欧盟新木材法案对中国木材中小企业集聚地社会稳定风险的影响

中国经济在快速成长的同时，各种社会矛盾也在不断积累过程中。由社会收入差距扩大等导致的各种社会冲突在全国各地时有发生，甚至在一些地区造成群体性的冲突事件。欧盟新木材法案的实施虽然并不一定对中国木材行业带来严重的负面影响，但是一旦带来不利影响则可能在木材中小企业集聚地集中放大，从而使这些地区维持社会稳定的风险加大。

对木材行业不利影响使木材中小企业集聚地维持社会稳定风险加大的原因在于：一是因为经济增长速度的突然放缓可能使得一些潜在的社会矛盾因此爆发。以收入分配不平等为例，在经济快速增长的情况下，虽然存在着较严重的收入差距，但是从纵向比较来看，不同收入阶层的收入都会呈现增长的趋势，因此社会矛盾不容易激化。一旦经济增长放缓甚至出现负增长，则意味着处于收入底层的阶层有可能会使得实际收入下降，这样原本潜在的社会矛盾就较容易显示出来，处理不好就可能爆发社会冲突。二是因为地方财政收入的降低可能影响地方政府化解社会矛盾的能力。因为政府财政是实现社会收入二次再分配的重要方式，政府财政通常是为社会低收入群体和弱势群体提供公共服务的重要手段。一旦政府财政收入突然显著减少，则势必会影响对社会低收入群体和弱势群体的公共保证和公共服务能力，不利于化解社会矛盾。

5.3 对中国木材行业中小企业环保意识和社会责任的影响

5.3.1 对中国木材行业中小企业环保意识的影响

第一，中国木材中小企业的环境保护意识相对比较薄弱。中国木材行业中小企业以农民私营企业为主，由于私营企业主的文化水平和行业所处的完全市场竞争环境，中国木材行业中小企业的环境保护意识普遍相对较低。从我们的企业调查来看，大部分的中国木材中小企业，甚至是一些规模较大的出口型木材中型企业，对美国雷斯法案修正案和欧盟新木材法案都没有关注，甚至许多的私营企业主根本就没有听说过美国雷斯法案修正案和欧盟新木材法案。73 家企业调查结果发现，听说过美国雷斯法案修正案的企业为 59 家，约占 81％；而听说过欧盟新木材法案的企业只有 24 家，约占 33％（表 5.6）。这表明，中国木材中小企业中的相当部分企业主对于与木材经营密切相关的资源环境问题缺乏关注。以欧盟新木材法案为例，企业对欧盟新木材法案的实施目的认知不同。从得到有效回答的 33 份问卷的统计结果来看，相当多的企业既认识到法案实施可能在"减少非法砍伐、保护环境""促进可持续经营"等方面所起到的积极作用，也认识到法案作为一种技术性贸易措施，可能通过"保护欧盟自身产业""抑制中国经济发展"起到对我国木业发展的消极作用。更有超过 60％的企业认可法案的实施可能会"促使中国木业企业更多地购买欧美木材供应商的木材原料"，说明法案的实施可能对我国木业企业所面临的木材原料市场带来深远的影响（表 5.7）。同

表 5.6　调查样本企业对于木材合法性贸易要求相关法案的了解

是否听说过法案	美国雷斯法案修正案		欧盟新木材法案	
	企业数量（个）	比重（%）	企业数量（个）	比重（%）
听说法案	59	81	24	33
未听说过法案	14	19	49	67
合计	73	100	73	100

资料来源：根据调查问卷归纳整理。

表 5.7　调查样本企业对欧盟新木材法案实施目的的认知

欧盟新木材法案的目的	企业数量（个）	比重（%）
表示减少非法砍伐，保护环境	12	36.36
保护欧盟自身产业	16	48.48
促进可持续经营森林	7	21.21
帮助弱势群体	1	3.03
抑制中国经济发展	20	60.61
促使中国企业购买美欧木材供应商的木材原料	20	60.61
合计	33	—

注：仅就有效回答企业样本的统计，因为是多项选择，所以各个渠道企业数之和不等于回答企业总数。

资料来源：根据调查问卷归纳整理。

时，在木材行业，特别是造纸行业中，曾经出现过许多小型造纸企业污染环境的事件，这也在一定程度上反映了中国木材中小企业环境保护意识相对薄弱的状态。

第二，中国木材行业中小企业的环境保护意识对资源环境保护意义重大。中国已经成为世界最大的木材产业加工制造业基地，中国木材中小企业在生产加工木材产品时，不仅需要大量消耗国内木材资源，而且需要大量进口国外的木材原料。根据贸易统计数据，中国木材行业的主要原料对国外进口的依赖程度较高，2008 年中国进口原木 2 956.97 万米³，占国内使用总量的 28.67%，进口锯材 709.1 万米³，占国内使用总量的 19.92%，进口木浆 902 万吨，占国内使用总量的 12.26%。特别需要指出的是，在中国木材行业进口的国外木材原料中，有相当比例来自于指俄罗斯、马来西亚、印度尼西亚、新西兰、加蓬、巴布亚新几内亚、缅甸、泰国等木材森林执法被认为是存在较多问题的特定国家。原木、锯材和木浆来自于这些特定国家的比重分别高达 85.23%、50.90% 和 35.4%（表 5.8）。而中国木材行业以中小企业为主，因此中国木材行业中小企业的环境保护意识不仅是对中国国内的资源环境保护，还会对全球的资源环境保护产生十分重要的影响。

表 5.8　2008 年我国木材行业木材原料的进口量及其所占的比重

	原木（万米³）	锯材（万米³）	木浆（万吨）
A 国内使用总量	10 314.69	3 559.04	7 360
B 进口量	2 956.97	709.1	902
C 特定国家进口量	2 520.29	360.9	319
所占的比重			
B/A	28.67%	19.92%	12.26%
C/B	85.23%	50.90%	35.37%

注：①特定国家是指俄罗斯、马来西亚、印度尼西亚、新西兰、加蓬、巴布亚新几内亚、缅甸、泰国等国家。

②数据来源于 UN COMTRADE 统计数据库。

第三，欧盟新木材法案的应对过程是中国木材中小企业提高环境保护意识的重要机遇。欧盟新木材法案的重要目的在于希望通过对木材原料来源合法性和木材产销流程的可追溯性来抑制世界范围的木材非法砍伐活动。因此，了解、理解和应对欧盟新木材法案的过程，同时也是中国木材行业中小企业提高环境保护意识的过程。在应对欧盟新木材法案的过程中，企业的学习和调整过程，会有利于中国木材行业中小企业环境保护意识的提高。

5.3.2　对中国木材中小企业社会责任的影响

第一，欧盟新木材法案的实施将促进企业的森林认证行为，从而加强在木材原料使用上的企业社会责任。开展木材企业的森林认证，虽然是木材企业自身发展的战略选择，但是同时由于森林认证对木材企业可持续发展的要求，也会强化木材企业在木材原料使用上对环境保护的企业社会责任。根据世界开展森林认证的 FSC 和 PEFC 这两个最重要的认证机构的统计，中国木材企业开展木材产销监管链 CoC 认证的企业数从 2005 以来呈现出快速增长的趋势，到 2010 年已经有超过 1 500 家木材企业获得了 FCS 的木材产监管链 CoC 认证，有超过 100 家企业获得了 PEFC 的木材产销监管链 CoC 认证。虽然与中国木材行业超过 15 万家的企业总数相比，参与森林认证中木材产销监管链 CoC 认证企业数比重还不是很大，但是增长的趋势非常明显（图 5.1）。同时，中国参与森林认证的森林经营 FM 认证的森林面积相对还比较少，所能提供的经过 FM 认证木材原料还非常有限，但是随着木材加工企业对 FM 认证木材原料需求的增长，以及森林经营企业的环境保护意识的提高，中国森林认证中森林经营 FM 认证的森林面积也一定会随之扩大。由于森林认证是完全符合欧盟新木材法案对木材来源合法性和木材产销流程可追溯性要求的高标准应对方式，因此，随着欧盟新木材法案

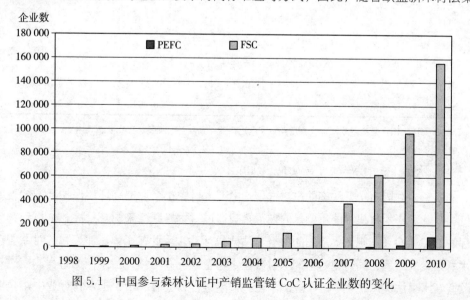

图 5.1　中国参与森林认证中产销监管链 CoC 认证企业数的变化

Shennong
Series

的实施，将会促使越来越多的有能力的中国木材行业中小企业参与森林认证，从而将促进中国木材中小企业在木材原料使用上更好地履行企业的社会责任。

第二，欧盟新木材法案的实施将促使中国木材中小企业更加节约使用木材原料，拒绝采用来源不明的木材原料。由于欧盟新木材法案实施对中国木材中小企业在木材原料成本上升的压力，就促使更多的中国木材中小企业研究和开发新技术，以提高木材原料的综合利用率，节约世界森林资源的使用。同时，由于欧盟新木材法案对木材产销可追溯性的要求，也会促使至少是出口导向型的中国木材中小企业，从降低建立木材产销可追溯性的管理成本的角度出发，而拒绝采用来历不明的木材原料，从而有利于抑制木材的非法砍伐活动。

第三，欧盟新木材法案的实施将促进中国木材行业中小企业承担一般的企业社会责任。欧盟新木材法案实施所到来的木材行业竞争的加剧，以及木材产品进口国对木材合法性的关注，将会引发带动中国木材中小企业更多地关注除了自身的经营绩效之外的企业形象。这种对企业社会形象的关注，可能引发更多的中国木材行业中小企业增强社会责任感，更加热心于社会公益事业，更加关注企业发展的社会影响。

第6章 结论、讨论和对策建议

6.1 主要结论

　　根据上述对中国木材行业、特别是木地板、胶合板和造纸产业中小企业的地位、出口型中小企业的购销商业模式特点和欧盟新木材法案直接影响范围的分析，以及欧盟新木材法案对中国木材行业中小企业财务影响、经济影响和社会影响的评价，可以得出如下一些主要结论。

6.1.1 影响范围分析

　　第一，中小企业在中国木材行业中占有非常重要的地位。2008 年，中国木材行业共有企业 12.79 万家（127 928 家），其中中小企业 12.55 万家（125 485 家），占全部企业数量的 98.09%；全部企业完成工业总产值 16 846.82 亿元，其中中小企业完成工业总产值 12 627.76 亿元，占 74.96%；全部企业就业人数 536.40 万人，其中中小企业就业人数 485.77 万人，占 90.56%。其中，胶合板产业中中小企业占全部企业数的 99.91%、全部工业总产值的 90.67% 和全部就业人数的 97.13%。木地板产业中中小企业所占的比重略低于胶合板产业，分别占全部企业数量、全部工业总产值和全部就业人数的 99.55%、83.32% 和 94.95%。造纸企业中小企业占全部企业数量的 99.36%，占全部就业人数的 77.44%，占全部工业总产值的 51.48%。

　　第二，中小企业在中国木材行业出口中也占有非常重要的地位。2008 年，中国木材行业出口企业 4 041 家，其中中小企业 3 854 家，占 95.37%；木材行业出口交货值 1 775.47 亿元，其中中小企业出口交货值 1 208.14 亿元，占 68.05%。胶合板产业出口企业 361 家，出口交货值 148.22 亿元，其中中小企业分别占 98.34% 和 89.38%。木地板出口企业 89 家，出口交货值 50.72 亿元，其中中小企业分别占 93.26% 和 82.31%。造纸产业出口企业 187 家，出口交货值 170.24 亿元，虽然有出口的中小企业数量占全部出口企业的 74.87%，但是出口交货值仅占全部出口交货值的 5.46%。

　　第三，中国木材出口中小企业的木材原料采购特点。中国木材出口中小企业的木材主要包括速生材等国内原料和进口原料。国内原料主要通过从木材交易市场上采购、在原料产地委托代理商采购和自建原料基地供应的采购方式。进口原料则采用直接从木材交易市场采购、委托特定的原料进口商进口、从特定的生产加工企业采购和来自于自建的原料基地的方式获得。胶合板出口企业中，大部分企业采用国内速生材作为基材原料，也有部分企业采用进口原料。木地板出口企业主要以复合木地板企业和强化木地板企业为主，实木地板企业产品基本不出口。复合木地板企业的基材以国内原材料为主，也有部分采用国外进口的原料；而复合木地板的表皮材料则基本上依赖国外进口；造纸产业同时采用国外原料和国内原料，现代造纸企业以进口原料为主，进口的原材料主要是木浆和废纸；而传统造纸产业主要依赖国内原料。

第四，中国木材出口中小企业的产品销售特点。中国木材行业中小型出口企业的产品销售大部分采用 OEM 贴牌生产的方式，也有少部分的企业采用自己的品牌销售。OEM 贴牌生产方式通常又可分为采用直接接受国外零售商的订单、接受国外采购商的订单和为接受出口订单的企业代为加工三种形式。采用自己的产品品牌向国外出口的销售方式，总体上来看所占的比重较小，可以认为尚处在开拓扩张的阶段，具体也可以细分为向国外零售商供货、在国外建立自己的销售网络两种形式。胶合板和木地板产业较多地采用 OEM 贴牌生产的方式，而造纸产业大多通过企业自己的品牌出口产品。

第五，中小企业是中国木材行业中受法案直接影响的主体部分。根据推算结果，将会有 1 507 家企业受到欧盟新木材法案的直接影响，其中中小企业 1 453 家，占全部受直接影响企业数的 96.42%。同时，将会有 39.6 万（396 098）的就业人数受到欧盟新木材法案的直接影响，其中中小企业受直接影响的就业人数为 30.3 万（302 829）人，占全部受直接影响就业人数的 76.45%。从受直接影响的中小企业类型来看，中型企业受到的影响最大。受法案直接影响的全部中小企业数中，中型企业为 860 家，占中小企业合计数的 59.2%；受法案直接影响的就业人数中，中型企业达到 24.9 万（249 182）人，占中小企业合计数的 82.3%。

第六，从受欧盟新木材法案直接影响的中小企业数来看，胶合板产业最多，而造纸产业最少。胶合板产业受直接影响的中小企业合计为 79 家，占本产业全部企业的 97.5%；木地板产业受直接影响的中小企业合计数为 70 家，占本产业全部企业数的 93.3%；而造纸产业受直接影响的中小企业合计数为 20 家，占本产业全部企业的 74.1%。从中小企业的内部类型来看，除了造纸产业中型企业和小微企业各占一半外，木地板产业和胶合板产业都是以中型企业为主，分别占受直接影响中小企业合计数的 74.3% 和 70.9%。

第七，从受欧盟新木材法案直接影响的中小企业就业人数来看，造纸产业最多，而胶合板产业最少。造纸产业受直接影响的中小企业就业人数为2.27万（22 667）人，占本产业全部企业就业人数的66.5%；木地板产业受直接影响的中小企业就业人数为1.56万（15 588）人，占本产业全部企业就业人数的88.8%；胶合板产业受直接影响的中小企业就业人数为1.41万（14 146）人，占本产业全部企业就业人数的81.2%。从中小企业类型来看，造纸产业最主要受直接影响的就业人数在小微企业，为1.75万（17 509）人，占本产业中小企业合计数的77.2%；而木地板产业和胶合板产业最主要受直接影响的就业人数在中型企业，分别占本产业中小企业合计数的93.0%和89.5%。

6.1.2　财务影响评价

第一，中国木材中小企业可能的应对方式与应对成本。在保证木材原料来源的合法性方面，中国木材企业可能采取的应对方式主要包括以下两种方式：①采用经过森林认证FM认证的木材原料，一般要比未经森林FM认证的普通木材的价格高出10%～30%，将会使企业产品成本上升3%～24%。②采用经过合法性认证的木材原料。国产木材原料合法性认证的支出应该不大，估计将使国内木材原料单价上升2%～5%，可能使企业产品成本上升0～4%；国外进口木材原料经过合法性认证将使其单价提高5%～10%，可能造成企业产品成本上升0～8%。而在保证企业木材产销流程的可追溯性方面，中国木材企业可以选择的应对方式主要有以下两种：①采用森林企业产销监管链CoC认证，估计可能会使得企业产品成本上升1%～5%。②企业自建完备的产销履历制度，可能使得企业产品成本上升0.4%～2%。

第二，企业采取不同应对方式组合时，法案应对对企业产品成本上升的影响程度也不相同。企业完全采用森林认证的应对方式组合，即采用FM认证的木材原料并通过企业的购销产业链CoC认证时，将使产品成本上升4.0%～29.0%。企业采用合法性认证木材原料和自建完备的产销履历制度的应对方式组合时，产品成本的上升幅度可控在6.0%以下。而介于高标准应对方式和相对普通应对方式之间还有多种应对方式选择，这些应对方式带来的企业成本上升也介于前述两种应对方式之间，同时表现出较大的差异，不同行业、不同规模企业可以根据企业的实际情况和未来发展预期选择适合企业的应对方式，尽可能地降低和减轻法案应对给企业带来的不利影响。但是，只要企业采取应对，就必然会带来一定程度的产品成本上升。从应对成本比较来看，建立高效便利的合法性认证体系和鼓励企业自建完备的产销履历制度，是降低中国企业对欧盟新木材法案应对成本的有效途径。

第三，木材行业中小企业应对欧盟新木材法案时所支付成本在产业间存在差异。这种差异主要受到原料成本在产品成本构成中的比重、采用国外进口木材原料的比重和产品的木材原料构成的多样性和产销环节的复杂性等不同产业特点的影响。当采用森林认证的高标准的应对方式组合时，现代造纸产业的产品成本上升影响程度相对较低，为4.0%～17.0%，而其他产业的产品成本上升影响程度相对较大，复合木地板、传统造纸、胶合板和强化木地板产业产品上升的影响程度分别为9.0%～27.0%、8.0%～27.0%、8.0～26.0%和7.0%～25.0%。当采用合法性认证木材和企业自建产销履历制度的普通应对方式组合时，复合木地板产业所受的成本上升影响程度相对最大，为2.4%～6.0%，而现代造纸、传统造纸、胶合板和强化木地板产业的成本上升影响程度分别为1.27%～4.8%、2.0%～5.6%、1.8%～5.2%和1.5%～4.6%。

第四，欧盟新木材法案将对规模较小的中小企业带来更加不利的成本上升影响。不论是高标准的应对方式还是相对普通的应对方式，法案对微型企业和小规模企业的成本上升影响要远远大于中型企业。以胶合板产业为例，当采用认证（FM＋CoC）应对方式时，微型、小型、较小的中型和较大的中型企业的产品成本上升影响分别为20.0%～26.0%、16.0%～22.0%、12.0%～18.0%，和8.0%～14.0%；当采用木材合法性认证和企业自建完备的木材产销履历制度时，微型、小型、较小的中型和较大的中型企业的产品成本上升影响分别为3.9%～5.2%、3.2%～4.2%、2.5%～3.5%和1.8%～2.8%。这种不同规模类型企业之间的应对造成产品成本上升影响程度的差异也存在于木地板、造纸等其他产业。由于几乎所有的微型企业和30.0%～50.0%的小型企业不可能或者是不愿意支付通过森林认证应对方式所需要支付的一次性投入；即使企业能够支付应对所需要的一次性投入，也会因规模较小而需要承担较高的单位产品中的分摊成本，因此，微型、小型、较小的中型和较大的中型企业中可能采用认证（FM＋CoC）应对方式的企业比例分别为接近于0、10.0%～30.0%、20.0%～50.0%和50.0%～80.0%。而当采用合法性认证和自建完备的产销履历制度的应对方式时，由于一次性投入较小，一般不会构成企业的应对门槛。此外，大型企业尤其是大型跨国企业可能通过产业链的扩展，通过与木材原料生产企业的联合来抵消木材原料涨价带来的产品成本上升影响，但是一般的中小企业基本上不可能采用这样的方式。同时，欧盟新木材法案可能使中小企业原料市场、产品市场的风险和不确定性加大。

　　第五，对欧盟新木材法案的应对也可能给中国木材中小企业财务带来有利的影响。经过森林认证的产品可能带来消费者的额外支付溢价，中国木材中小企业可能获得的欧盟市场的认证木材产品溢价为6%～8%。对于产品的消费需求较小的产品而言，成本上升的影响可能较容易地传导到消费者价格中去，使得产品销售价格也会同时上升，保守估计产品销售价格的上升幅度为0～4%。欧盟新木材法案相当于一个市场壁垒，如果跨过了这个壁垒，则中国中小企业向欧盟市场出口的规模可能扩大，市场份额有可能提高。生产销售规模的扩大而带来的规模经济性将使企业产品平均成本降低0～1%[①]。综合起来看，采用森林认证（FM+CoC）的高标准应对方式时，法案的应对将使企业产品销售价格提高或成本下降7.4%～12.2%，而采用合法性认证木材原料和企业自建完备的产销履历制度的普通应对方式时，将使产品销售价格提高或成本下降0.8%～2.3%。

　　第六，欧盟新木材法案的应对给中国木材中小企业财务带来的有利影响在产业间存在差异。当采取森林认证的高标准应对方式时，有利影响程度最高的是传统造纸产业，为11.2%～12.2%，而复合木地板、强化木地板、胶合板和现代造纸产业的有利影响程度相对较低，分别为9.0%～10.0%、8.9%～9.9%、7.4%～8.6%和7.8%～8.8%。当采用合法性认证木材原料和企业自建完备的木材产销履历制度的普通应对方式时，强化木地板和传统造纸产业的有利影响程度相对较高，分别为1.7%～2.3%和1.6%～2.2%，复合木地板和胶合板产业的有利影响程度分别为1.2%～1.8%和1.0%～1.6%，而现代造纸产业的有利影响程度相对最低，只有0.8%～1.4%。

　　第七，欧盟新木材法案对中小企业财务的综合影响将会由于企业应对效果的不同而有差异。无论是采用高标准的应对方式，还是采用相对普通的应对方式，由于部分企业应对带来的有利影响程度要高于其应对成本上升的不利影响程度，所以这些应对成本相对较小、应对效果相对较好的中小企业而言，不仅不会使企业的财务状况恶化，反而有利于提高企业的盈利能力。而介于高标准应对方式和相对普通应对方式之间仍有多种应对方式选择，这些应对方式带来的企业成本上升也介于前述两种应对方式之间，同时表现出较大的差异，不同行业、不同规模企业可以根据企业的实际情况和未来发展预期选择适合企业的应对方式，尽可能地降低和减轻法案应对给企业带来

---

　　① 成本降低幅度在不同行业之间有差异，传统造纸业最低为0～0.2%，现代造纸业最高为0.8%～1%，强化木地板业为0.5%～0.7%，胶合板业和强化木地板都为0.4%～0.6%。

的不利影响。但是，整体上看，法案因对可能产生的有利影响程度要小于法案实施带来的成本上升的不利影响程度。同时，法案应对带来的企业成本上升影响随着企业规模的扩大而快速下降，不论是高标准的应对方式还是相对普通的应对方式，对微型企业和小规模企业的成本上升影响要远远大于较小的中型企业和较大的中型企业。这意味着中国木材行业中大部分中小企业的财务状况，还是会由于欧盟新木材法案的实施而恶化。扣除了法案应对的有利影响后，采用森林认证的高标准应对方式时，大部分的中小企业还可能面临相当于企业产品成本提高5%~15%的不利影响，而采用合法性认证和自建企业完备的产销履历制度的应对方式时，大部分的中小企业可能还可能面临相当于企业产品成本提高1%~9%的不利影响。

第八，欧盟新木材法案的实施带来的负面影响可能随着木材行业中小企业经营环境的继续恶化而叠加放大。与2008年相比，2011年我国木材中小企业的原材料成本、劳动力成本和人民币升值带来的出口成本都有了显著的提高，原木、锯材等原料价格上涨幅度为10%~30%；而木材企业一线工人的工资普遍增加了一倍；人民币累计升值幅度达到了6.6%，三者相已使得中小企业的单位产品平均出口成本上升了20%~40%。欧盟新木材法案的实施带来的负面影响，将可能建立在木材行业中小企业经营环境继续恶化的基础之上，因而其不利影响的程度可能会得到叠加放大。

第九，中国木材行业的企业盈利空间已经不大，但是却表现出较强的成本上升消化能力。2008年以来中国木材加工及木竹藤棕制造业、木家具制造业、造纸及纸制品业三个行业企业成本利润率基本上是在3.5%至6%波动；分产业来看，木材加工及木竹藤棕制造企业成本利润率呈现出上升趋势，从2008年的4.84%提高到2011年的5.89%，年度平均为5.28%，造纸及纸制品企业成本利润率则存在明显波动，年度平均为5.42%；木家具制造企业成本利润率也呈现增长趋势，从2008年的3.53%增长到2011年的5.03%，年度平均为4.29%。可见，中国木材企业的成本盈利空间已经不大，同时也反映了中国木材企业在应在经营环境恶化的情况下，对生产上升的消化能力较强。

6.1.3 经济影响评价

第一，欧盟新木材法案实施将促进中国木材行业的产业转型升级。由于欧盟新木材法案实施对中国木材行业不同生产要素的影响程度不同，将促使木材中小企业通过技术进步，以尽可能降低应对带来的负面影响，从而促使中国木材行业的产业转型升级。①向资本密集型方向的转型升级，每万元企业资产的就业人数将加速继续下降，木材行业机械化和自动化的程度有可能较快提高。②向科技密集型方向的转型升级，开展科技研发活动的企业比重将进一步显著提高，专利和新产品开发数目将进一步快速增加，新产品开发与技术改造经费也将进一步较快增长，从而提高行业整体的科技密集型程度。

第二，欧盟新木材法案的实施将促进中国木材行业的企业规模分布进一步向大中型企业集中。欧盟新木材法案的实施对不同规模企业的影响具有显著的差异性，对规模较小企业的不利影响程度相对较重，而对规模较大企业的不利影响程度相对较轻，从而可能促使较大规模的中型企业采取相对积极的规模调整方式，而规模较小的小微企业和部分中型企业可能放弃欧盟市场，甚至退出木材行业。中国木材产品的出口企业将进一步转向以大中型企业为主，中国木材行业的企业规模分布将进一步向大中型企业方向集中，各产业的企业平均规模将进一步扩大。

第三，欧盟新木材法案的实施可能促进中国木材行业中小企业的购销方式变化。欧盟新木材法案对木材来源合法性和产销流程可追溯性的要求，对中国木材企业购销的影响具有差异性。采用合法性认证的应对方式时，国产木材原料的单价上升程度要低于进口木材原料。同样是采用进口木材原料的企业，来自于欧美等发达国家的木材原料更有利于保证合法性和产销流程的可追溯性。越是采用相对松散的木材原料采购方式，则木材原料的可追溯性就越差。对于同样是出口销售的企业而言，显然采用企业直接销售或者与销售企业建立有相对稳定的销售关系的销售方式时，木材产品的可追溯性要比采用相对松散的在市场销售方式更加容易一些。因此，欧盟新木材法案的实施可能促使企业降低进口木材原料的依赖性，增加使用从发达国家进口的木材原料；减少直接从木材交易市场采购原料的方式，更多地采用具有稳定客户关系的木材原料采购方式；减少OEM贴牌生产的方式，更多地尝试采用企业自主品牌的直接销售方式。

第四，欧盟新木材法案实施将带来中国木材行业产业链及其关联产业的变化。出口企业的木材行业产业链将向着越来越紧密的方向发展，部分中小企业将从目前的木材加工环节向前和向后延伸，发展成为集整个木材行业产业链为一体的综合型企业；部分中小企业将与原材料供应企业和产品销售企业建立相对稳定的客户关系，甚至发展成为较为紧密的企业联盟。同时，木材原料经由木材交易市场的比重可能下降，甚至形成二元的木材原料采购模式，即只有供应国内市场的木材加工企业才会从木材交易市场采购原材料，而产品出口的木材加工企业则全部会从自建的原料基地或者是相对稳定的供货商采购自己的木材原料。同时，出口产品采购商的影响力可能减弱，企业在国外以自己品牌的直销比重可能上升。

第五，欧盟新木材法案的实施将对中国木材企业集聚和地区布局产生影响。应对欧盟新木材法案所引发的成本压力将促使中小企业在立地选择时，更多地考虑运输成本问题，更多地考虑企业所在地的木材产品科研实力和配套优势，以及投资环境和综合服务水平。欧盟新木材法案实施后，中国木材出口企业将继续向沿海东部地区、特别是东部地区的产业集聚地进一步集中，而以国内木材原料为主的木材原料型生产企业将向木材原料产地集中。因此，可以预计东部地区木材企业所占的比重仍将保持高水平，且将逐步转变为以出口企业为主；而中西部地区木材加工企业所占的比重有可能上升，但将以国内木材原料的加工企业和内销的中小企业为主。从产业来看，胶合板产业向中西部原料产地集中的可能性较大，而造纸产业将会日益转向以大型企业生产为主，因此相对分散的格局将会继续保持下去。

6.1.4 社会影响评价

第一，欧盟新木材行业法案的实施将促使中国木材中小企业就业人数进一步减少，并有可能产生部分中高龄农民工的再就业问题。欧盟新木材法案实施后中国木材中小企业以资本替代劳动的过程，将使其就业人数随之进一步减少。部分中小企业退出出口市场，甚至退出木材行业，也会促使中国木材行业中小企业的就业人数进一步减少。由于目前中国木材行业中小企业存在劳动强度相对较低、劳动环境相对较差的特点，因此目前中国木材中小企业就业农民工以年龄在 35 岁以上的中高龄农民工为主。如果失去工作岗位的人数中，有 80% 属于中高龄农民工，则中国木材行业整体将会有 2.4 万 (24 224) 人，木地板、胶合板和造纸产业分别有 1 248 人、1 128 人和 1 816 人的中高龄农民工将面临需要再就业的问题。

第二，欧盟新木材法案的实施将减弱中国木材行业中小企业对农民增收的带动作用。欧盟新木材法案的实施将进一步压缩木材中小企业的盈利空间，从而降低木材中小企业主的经营收入。虽然欧盟新木材法案实施后在岗的工人工资水平可能有所上升，但是仍有部分在岗的工人因为企业缩减工人数量或因为部分企业的退出，可能使其工资收入较快降低。如果按照人均年工资 3 万元（即月工资 2 500 元）计算，则中国木材行业整体失业工人的年工资收入损失可能达到 9 亿 (90 840 万) 元，而木地板、胶合板和造纸三个产业的年工资收入损失也将分别达到 4 680 万元、4 230 万元和 6 810 万元。总体来看，欧盟新木材法案的实施很可能导致中国木材中小企业在带动农民增收中的整体贡献率下降。

第三，欧盟新木材法案的实施及其应对将可能改善中国木材中小企业职工的劳动条件。欧盟新木材法案的实施，在国内木材行业经营环境变化的过程中，将进一步促进中国木材中小企业以资本替代劳动的过程，随着中国木材行业机械化和自动化程度的提高，中国木材行业中小企业职工的劳动强度有可能进一步降低，而一线工人的劳动场所的环境条件也有可能得到进一步的改善。但是，为提高企业职工的基本素质，企业在职工知识和技能培训上的支付可能增加。如果职工素质不能同时提高，则职工遭受意外事故的风险会加大。同时，企业产销流程等的规范化管理可能带来中国木材中小企业职工各种劳动保障制度和措施的完善。但企业盈利水平的下降也可能降低企业提供职工劳动保障的能力。

第四，欧盟新木材法案的实施一旦带来较大的负面影响则将可能使企业集聚地维持社会稳定的风险加大。我国木材行业中造纸企业集聚的特征不明显，但胶合板和木地板产业都具有明显的企业集聚特征。在中国木材产业中小企业集聚地，由于木材行业在当地整体经济中占有非常重要的地位，欧盟新木材法案所带来的影响具有重要的集中放大效应，如果木材行业产值降低5%，则木材企业集聚地的经济增长将可能降低在2%以上；如果木材行业企业的利税额下降5%，则可能多数企业集聚地的财政收入下降超过1.5%。加上职工就业调整也将集中在企业集聚地。因此，欧盟新木材法案实施一旦带来较大的负面影响则可能使得中国木材行业中小企业集聚地维持社会稳定的风险加大。

第五，欧盟新木材法案的实施有利于中国木材行业中小企业提高环保意识。中国木材中小企业的环境保护意识相对比较薄弱。73家企业调查结果发现，听说过美国雷斯法案修正案的企业为59家，约占81%，听说过欧盟新木材法案的企业只有24家，约占33%。在中国已经成为世界最大的木材产业加工制造业基地的背景下，中国木材行业中小企业的环境保护意识不仅是对中国国内的资源环境保护，还会对全球的资源环境保护产生十分重要的影响。了解、理解和应对欧盟新木材法案的过程，同时也将是中国木材行业中小企业提高环境保护意识的过程，这一过程有利于中国木材行业中小企业环境保护意识的提高。

第六，欧盟新木材法案的实施有利于增强中国木材中小企业的社会责任。欧盟新木材法案的实施，将会促使越来越多有能力的中国木材行业中小企业参与森林认证，从而将促进中国木材中小企业在木材原料使用上更好地履行企业的社会责任。欧盟新木材法案的实施会促使中国木材中小企业更加节约使用木材原料，拒绝采用来源不明的木材原料，从而有利于抑制木材的非法砍伐活动。欧盟新木材法案的实施将会引发带动中国木材中小企业更多地关注除了自身的经营绩效之外的企业形象，从而使中小企业提高社会责任感，更加热心于社会公益事业，更加关注企业发展的社会影响。

6.1.5　总结

由于中小企业在中国木材行业和中国木材产品出口所占有的重要地位，欧盟新木材法案的实施将对中国木材行业行业的中小企业带来十分重要的影响，从企业规模类型来看，中小企业、特别是中型企业将是受欧盟新木材法案直接影响的主体。中国木材行业出口企业在购销商业模式上的特点，加大了中国木材行业中小企业应对欧盟新木材法案时保障木材的来源合法性和产销可追溯性的难度。欧盟新木材法案对中国木材行业中小企业的影响范围较大，需要直接应对的企业数量较大，与此相关联的就业人数较多。

欧盟新木材法案的实施及其应对一定会带来中国木材行业中小企业产品成本的上升，其成本上升的影响程度将会因为企业不同的应对方式选择、企业所属产业的特征、企业的规模和实力的不同而不同，但是同时也可能通过销售价格的上升、企业产品成本的传导和企业的规模经济性等带来一些有利的影响。综合来看，如果应对成本相对较低、应对效果较好的企业则还有可能出现总体有利的财务影响，但是应对成本相对较高、应对效果相对较差的企业则出现总体不利的财务影响。通常欧盟新木材法案的实施对企业财务的不利影响程度不是很大。从企业成本消化吸收能力来看，大部分企业应该可以克服由于应对所可能带来的成本上升影响。不过目前中国木材企业经营环境恶化对欧盟新木材法案不利影响的叠加放大效应值得重视。

欧盟新木材法案的实施可能促进木材产业的转型升级，促使中国木材中小企业的规模的进一步扩大和集中趋势，也会促使中小企业转变购销商业模式，加剧中国木材行业的进一步集聚和合理布局，这些经济影响大多有利于有利于降低中小企业的应对成本，增强中国中小企业的应对能力和产品的国际竞争力。欧盟新木材法案实施后，一旦产生较大的负面影响也有可能对中国木材行业中小企业集聚地带来潜在的社会稳定风险，同时一些企业的退出可能造成部分中高龄农民工再就业的问题，也会在一定程度上弱化木材行业带动农民增收的作用，但是会有利于中高木材中小企业提高环境保护意识，增强企业的社会责任。

因此，从总体来看，欧盟新木材法案的实施对中国木材中小企业的影响是利弊共存，我们应该通过积极有效的应对，来降低其不利影响增加其有利影响，把欧盟新木材法案的实施当作推动中国木材行业中小企业想着更加可持续发展的方向转变的重要机遇，推动中国木材行业又快又好的发展。

6.2　两点扩展讨论

由于中国木材行业细分产业和法案影响的复杂性，本书对欧盟新木材法案对木材行业中小企业的影响分析评价范围基本限定在中国的木地板、胶合板和造纸产业，而基本上不涉及木材行业中的其他产业，也没有涉及与世界其他重要木材产品生产加工国的比较。考虑到木家具产业在中国木材行业、特别是对欧盟出口产品中的重要性，以及法案对木材行业国家竞争力影响的重要性，这里将主要结合本书的一些结论，对这两个问题展开扩展讨论。

6.2.1　欧盟新木材法案对中国木家具产业中小企业的影响

从欧盟新木材法案的影响机制来看，欧盟新木材法案对中国木家具中小企业的影响应该是与对中国木地板、胶合板和造纸产业的影响一样，因此本书中有关欧盟新木材法案对中国木地板、胶合板和造纸产业中小企业财务影响、经济影响和社会影响的基本结论应该同样适用于中国木家具产业的中小企业。但是，由于木家具产业具有不同于木地板、胶合板和造纸产业的特殊性，欧盟新木材法案对中国木家具中小企业的影响也会有所不同。

第一，欧盟新木材法案对中国木家具中小企业产生直接影响的范围更大。中国木材行业中木家具行业是企业数量最多、就业人数最多和向欧盟出口木材产品数额最大的产业。根据企业统计数据，2008年中国木家具产业中小企业数为20 800家，占中国全部木家具企业数的99.79%，木家具企业中小企业就业人数88.84万人，占全部木家具企业就业人数的91.60%。其中有出口的木家具中小企业数为1 141家，占全部木家具产业中小企业的5.47%，出口交货值为406.05亿美元，远大于同年胶合板、木地板和造纸产业出口交货值132.48亿美元、41.75亿美元和239.75亿美元的水平。因此相对于木地板、胶合板和造纸产业而言，在欧盟新木材法案实施后，将会有更多的中小企业受到直接影响而需要采取应对措施。

第二，欧盟新木材法案对中国木家具产业中小企业财务的不利影响程度更高。①由于木家具产业相对更多地采用国外进口的木材原料，而因为欧盟新木材法案及其应对国外进口原料的单价提高幅度更大，所以将是其财务成本受欧盟新木材法案的上升影响程度更大。②由于木家具所用的木材原料种类更多，特别是其生产工艺流程比木地板、胶合板和造纸产业更加复杂，因此即使是同样产值的中小企业，在建立企业完备的产销履历制度时需要支出的企业管理调整成本更高。当然，由于各个木家具中小企业产品的差异性较大，相对于木地板、胶合板和造纸企业而言，如果较好地通过品牌建设，那么实现销售价格差异化的可能性也更大，同时由于木家具企业直接面对消费者的特点，经过森林认证木家具产品在最终消费市场上获得消费者额外支付溢价的可能性也更大一些。但是，从总体来看，木家具产业本身的特点决定了中国木家具产业中小企业受欧盟新木材法案的实施所带来的财务成本上升压力要大于木地板、胶合板和造纸产业。

第三，中国木家具产业中小企业对欧盟新木材法案影响的应对难度更大。①受欧盟新木材法案影响促使中小企业采用资本替代劳动的技术进步难度相对较大，企业通过机械化和自动化等节省劳动力的技术进步调整更加困难。这主要是由于木家具产业较多地强调个性化生产，从而对手工操作的依赖程度要远高于木地板、胶合板和造纸产业。②相对规模较小的中小企业受到欧盟新木材法案影响而退出出口市场，甚至退出木材行业的影响程度可能更大。这是因为与胶合板、木地板和造纸产业相比，中国木家具产业中小企业中规模较小的中型企业和小微企业所占的比重更大，产业的整体规模分布更倾向于小型化，因此在欧盟新木材法案对企业财务不利影响程度相对较大而中小企业相对更加小型化的情况下，可能会比胶合板、木地板和造纸产业有更多的规模相对较小的中型企业和小微企业被迫退出出口市场，甚至退出木材行业。

第四，中国木家具产业中小企业受欧盟新木材法案影响带来的社会风险可能更大。①从对中小企业集聚地的社会稳定影响来看，木家具产业与造纸产业差异较大，而更接近于木地板和胶合板产业，因此欧盟新木材法案一旦产生不利的影响，使得中小企业集聚地的木家具产业增长放缓或者甚至出现负增长，则对当地的整体经济增长和财政收入影响较大，也可能使企业集聚地维护社会稳定的风险加大。②企业退出出口市场、甚至退出木材行业时，失去工作岗位的中高龄农民工再就业的压力更大。由于中国木家具产业中小企业相对规模较小的企业较多而受欧盟新木材法案财务负面影响的程度较大，可能相对会有更多的中高龄农民工失去工作岗位，从而其带来的收入损失也相对较大，需要再就业的人数也相对较多。

因此，从总体上看，中国木家具产业的中小企业受欧盟新木材法案的直接影响范围更大，欧盟新木材法案对中国木家具产业中小企业财务的不利影响程度更高，欧盟新木材法案对木家具产业的经济和社会影响风险也相对较大，因此中国木家具产业中小企业对欧盟新木材法案的应对难度也更大。

6.2.2 欧盟新木材法案对中国木材产品国际竞争力的影响

判断欧盟新木材法案实施对中国木材产品的国际竞争力的影响，需要通过世界主要木材产品出口方受欧盟新木材法案影响的比较才能得到可靠的结论。这里只能以本书对欧盟新木材法案对中国木材行业中小企业影响的评价结果为基础，结合欧盟木材产品主要进口方木材行业基本情况，做出如下的初步分析。

第一，贸易数额及其增长趋势显示中国木材产品在欧盟市场具有很强的国际竞争力。据 UN COMTRADE 统计，2001 年至 2010 年间，欧盟从中国的胶合板进口额从0.14 亿美元增长到 4.03 亿美元，占欧盟胶合板进口总额的比重从 1.50％增长到25.86％；欧盟从中国的木家具进口额从 3.42 亿美元增长到 39.43 亿美元，占欧盟木家具进口总额的比重从 14.6％增长到 52.90％；欧盟从中国的纸及纸制品进口额从3.34 亿美元增长到 19.78 亿美元，占欧盟纸及纸制品进口总额的比重从 5.44％增长到19.65％。中国主要木材产品在欧盟市场的份额迅速增长的趋势表明中国木材产品在欧盟市场是具有很强的国际竞争力。

第二，中国木材产品受欧盟新木材法案的不利影响可能大于欧盟市场上的主要竞争对手。①因为中国木材行业受欧盟新木材法案直接影响的企业数量要远大于竞争对手。越南等东南亚新兴的木材产品生产加工国，产品出口一般以大型企业为主，而数量较多的中小企业的产品一般只在国内销售，因此这些国家的木材中小企业基本不受欧盟新木材法案实施的影响。而中国木材行业产品出口以中小企业为主的特点决定了中国木材行业受欧盟新木材法案直接影响的范围要大于其竞争对手。②因为中国木材企业对国外木材的依存度较高，加大了其对欧盟新木材法案的应对难度。东南亚等木材产品的生产加工国一般同时是木材原料的生产国，其木材产品主要依赖国内木材原料。而中国出口的木材产品在相当程度上依赖于国外进口的木材原料。这种状况造成了中国木材企业应对欧盟新木材法案的难度相对较大，其应对的成本也会相对较高。③与发达国家木材加工企业相比，中国木材企业的管理水平和规范性程度相对较低，因此应对欧盟新木材法案实施时，其应对成本也会相应较大。

第三，中国木材行业对欧盟新木材法案的应对能力高于东南亚等主要竞争对手。与东南亚等木材产品生产加工新兴国家相比，中国木材行业的发展更加成熟，处在相对更高的水平上。①具有更好的研发和技术水平，比东南亚等国家的木材企业更可以通过技术进步、新产品研发等方式来消化吸收欧盟新木材法案实施带来的不利影响。②具有更好的相关配套产业，比东南亚等国家的木材企业可以得到更好的产业综合优势，可以通过产业链的整体优势来应对欧盟新木材法案的影响。③具有更加成熟和容量更大的国内市场，比东南亚等国家的木材企业更可以通过内销和出口的相互结合来调整企业的经营，化解欧盟新木材法案实施所带来的不利影响。

综合以上因素可知，如果中国木材企业对欧盟新木材法案的应对效果不佳，则中国木材行业受欧盟新木材法案实施的不利影响可能大于欧盟市场上的其他竞争对手，中国木材产品在欧盟市场上的国际竞争力在短期内可能会有所下降。反之，如果中国木材企业对欧盟新木材法案采取了积极有效的应对措施，能够通过技术进步等方式较好地化解欧盟新木材法案实施所带来的不利影响，则中国木材产品将会继续在欧盟市场上保持较强的国际竞争力。值得注意的是，从长期来看，中国木材产品的国际竞争力与中国国内劳动力成本的快速上升趋势密切相关，中国国内的劳动力成本变化情况可能成为决定中国木材产品在欧盟市场上的国际竞争力的关键决定因素。

6.3 对策建议

根据以上对欧盟新木材法案对中国木材行业中小企业影响的评价结果，我们提出如下的对策建议：

第一，加强对欧盟新木材法案的宣传和培训工作。了解和理解欧盟新木材法案是有效应对的基础。针对目前中国木材企业、特别是众多的中小企业对欧盟新木材法案认知程度很低，甚至完全不了解的现实，首先应该做的是加强对欧盟新木材法案的宣传和培训工作。政府相关部门、行业协会、相关的 NGO 组织和科研机构，都应该通过大众媒体、行业会议等渠道，采用专题宣讲会、印制宣传招贴画和简明小册子等方式，扩大对欧盟新木材法案的宣传。同时，针对可能受欧盟新木材法案直接影响的中小企业，还应该通过组织专题培训班的方式，深入讲解欧盟新木材法案的原则、要求和可能具体方法，以指导相关企业做好应对工作。

　　第二，建立便利高效的欧盟新木材法案国内应对配套体系和具有中国特色的木材认证体系。考虑到通过建立木材来源的国内合法性认证体系和指导企业自建完备产销履历制度是企业支付成本相对较低的应对方式，也是中国木材行业的大多数中小企业较为可能采用的应对方式，所以中国政府可能需要认真考虑在与欧盟进行自愿伙伴关系（VPA）协议谈判的基础上，建立国内的欧盟新木材法案的应对配套体系。①建立中国的木材合法性认证体系，通过合理的制度设计和程序设计，以保障木材合法性认证体系的便捷化和高效化，从而尽可能地降低中国木材中小企业对欧盟新木材法案的应对成本。②针对各个木材产业不同的商业模式特点，分产业编印中国木材企业自建完备的产销履历制度的导则，以指导和帮助中国木材行业的中小企业应对欧盟新木材法案的实施。积极推广现有的国际森林认证虽然很重要，但是由于认证要求和认证成本过高，很难适应中国木材行业以中小企业为主的国情。所以，应该根据中国木材行业以中小企业为主的特征，积极探索建立政府机构、行业协会和企业相互支撑、而以为民间组织为主体的具有中国特色的森林和木材认证体系。只有这样，才有可能在中国木材行业中迅速推广森林和木材认证，真正全面而有效地保障中国木材企业所使用木材的合法性，促进中国木材行业的可持续发展。

　　第三，启动中国木材产业和木材使用长期规划的编制工作，确保中国木材资源的国家安全。欧盟新木材法案的实施，虽然只是强调了木材的来源合法性和产销可追溯性问题，但是会对世界木材原料的格局产生深远的影响。对于中国这样一个世界最大的木材产品生产加工大国而言，保障木材原料的长期稳定供应将是影响中国木材行业长期发展的根本问题。因此，建议利用应对欧盟新木材法案实施的有利历史时机，从国家木材资源安全的角度出发，启动中国木材产业和木材使用长期规划的编制工作。①明确中国木材产业和木材使用的长期目标；②如何做好国内木材原料与进口木材原料的合理分工协调工作；③如何促进国内林业的发展，在保证生态的前提下，逐步提高木材原料的自给率；④如何通过外交、国际援助和鼓励木材企业在海外建立原料基地等方式，确保国外合法性木材原料的供应。

　　第四，指导企业对欧盟新木材法案开展积极应对并选择适合的应对方式。尽管欧盟新木材法案的实施及其应对，肯定会对中国木材行业的中小企业带来成本上升的不利影响，但是欧盟新木材法案所提出的要求从原则上看是符合木材行业可持续发展方向的，因此从企业长远发展的角度看，积极应对应该是一个合理的选择。所以政府相关部门和行业协会应该指导和引导企业开展积极应对，而放弃仅从眼前利益出发的应付方式。同时，为了尽可能地降低应对成本，提高应对的效果，应该指导企业根据自身的特点，选择合适的应对方式。对于实力较强、规模较大的大中型企业可以鼓励采用森林认证的高标准的应对方式，而对于实力相对较弱的相对小规模的中型企业和小微企业，也应该积极指导和帮助企业采用相对标准较低的应对方式，以达到欧盟新木材法案的要求。

第五，及时收集和分析相关信息，做好欧盟新木材法案的应对风险防范工作。政府有关部门和行业协会，应该充分利用国内和国外的各种渠道，及时收集整理和分析欧盟新木材法案相关的信息，为应对可能出现的各种风险，制定好风险防范和化解的预案。值得特别注意的风险包括：①欧盟新木材法案实施初期企业可能会因为出口要求和程序调整等原因，面临短期的出口调整风险。政府有关部门和行业协会等，应及时收集信息，针对欧盟新木材法案实施带来的出口要求和程序等方面的新变化，以及这些变化可能带来的企业风险，预先制定解决方法指南，以指导和帮助企业做好调整适应工作。②针对欧盟新木材法案实施可能给中国木业中小企业集聚地带来的维护社会稳定的风险，应该积极与木材中小企业集聚地的政府部门和行业协会等密切配合，做好防范和化解工作。③针对欧盟新木材法案实施可能出现的中高龄农民工被迫失去工作岗位的可能性，预先做好这部分农民工的生活保障和再就业工作。

第六，采取各项政策扶持措施，努力提高企业对欧盟新木材法案的应对能力。在中国木材行业的中小企业的经营环境因为原材料、劳动力成本不断上升，以及人民币升值而不断恶化，木材中小企业的盈利空间日益受到挤压的背景下，为了应对欧盟新木材法案实施所带来的不利影响，政府部门应该在继续实施目前已经实施的各项政策扶持措施的基础上，增加对中国木材企业的政策支持力度，来帮助企业提高应对能力。可考虑的新政策支持措施包括：①在继续实施对木材产品出口退税政策的基础上，是否可考虑针对木材行业不同产业的特点，对主要采用合法性木材原料且建立了可追溯制度的木材产品生产加工企业采用过渡性、差别性的临时提高出口退税比例的政策。②引导企业通过兼并重组的方式，扩大企业规模，提高企业实力。③实施木材行业企业科技研发支持计划。通过财政直接支持的方式，重点支持企业研发适合中国木材行业中小企业特点的新技术和新机械设备，支持企业开发新产品和进行技术改造，支持企业建设自己的研发机构和新产品开发机构，支持企业共用科技研发平台的建设。④实施木材企业国外营销支持计划。通过财政支持和融资补贴等方式，鼓励和支持中国木材行业的中小企业开拓国外市场，在国外建立自己的营销渠道。

附录 1 实地调查企业的基本情况

为了完成本研究项目，项目组于 2011 年 5 月至 11 月之间，分别前往江苏省常州市横林镇、江苏省邳州市、浙江省嘉善县、山东省临沂市等木材企业集聚地以及山东省的一些造纸企业进行了实地调查。调查企业共计 37 家，其中，胶合板企业（行业编号为 A）20 家，其中木地板企业（行业编码为 B）9 家，造纸企业（行业编码为 C）4 家，其他木业企业（行业编码为 D）3 家。企业案例基本来自于上述企业实地调查素材。为了便于大家了解这些企业的基本情况，这里特将所有接受调查的企业基本情况整理汇总如下。需要特别说明的是，为了保护调查企业的机密，这里隐去了所有接受调查企业的名称，而代之以行业编号和企业编号。

A1：A1 公司位于山东省临沂市兰山区，1998 年 6 月建厂，经营产品范围包括胶合板系列、木工板系列、装饰贴面板系列和石膏板系列等四个系列几十个品种，年产各类板材 15 万米^3。公司重视产品质量控制，先后通过 ISO 9001：2000 质量管理体系认证、中国环境标志产品认证、欧盟 CE 认证，为产品质量奠定了坚实的基础。目前，工厂有工人近 650 人，月工资近 3 000 元，相比 2010 年上涨 10%左右。本地工人的比重占到 25%左右，外地工人占到 75%，主要来自江西等地。

A2：A2 公司成立于 2000 年，位于临沂市区的西北端——兰山区义堂镇，京沪、日东两条高速公路和 327 国道交汇处，距青岛港、日照港、连云港平均距离约 150 千米，具有得天独厚的交通便利优势。公司占地 10 万米^2，现拥有高档胶合板生产线6 条，年加工生产胶合板和细木工板能力达 10 万米^3。2008 年以来，由于原材料供应不稳，劳动力成本急剧上升，生产线并未全部开工，目前只有 100 余名员工，2008 年以前公司拥有员工 300 人，具有高级职称人员 30 多人，绝大多数员工接受过公司定期组织的技能培训。当前月工资水平在 2 000～3 000 元不等，工人主要来自本市。

A3：A3 公司成立于 2001 年，坐落于中国板材生产基地山东省临沂市义堂镇。公司拥有先进的生产设备，丰富的生产经验，拥有固定资产 5 000 多万元，员工 600 多人，是一家专业生产多层板贴面板的企业，日产万张以上天然高档贴面胶合板、胶合板、多层板的木材加工企业。公司生产的产品 60%～70%销往美国、欧盟、日本、韩国、新加坡、印度尼西亚、泰国等多个国家和地区。

A4：A4 公司创建于 1997 年，注册资金 1 100 万元，是专业生产胶合板的大型私营企业。公司现有固定资产 7 000 万元，2010 年实现产值 3.2 亿元。公司拥有标准化的厂房和办公设备，安装了先进的木材深加工生产线 15 条，主要生产各类胶合板、细木工板、建筑模板等环保型板材。产品远销欧洲、中东等国家地区，年出口量约 10 万米³。2010 年以来，A4 公司根据国内外市场变化和需要，先后开发了新的项目，开始生产多层板和细木工板三聚氰胺贴面产品，木丝吸音板等。公司加大对新产品开发投入，三聚氰胺贴面板现已成功面世，该产品严格按照欧盟标准生产，甲醛含量达到 E1 级。

A5：A5 公司是全国最大的专业生产高中档胶合板为主的企业之一，位于山东省临沂市，京沪、日东高速公路交汇处，距青岛港 220 千米，距连云港 100 千米，具有得天独厚的交通优势。集团占地面积 50 万米²，下设 10 家分公司，现有员工 3 000 多名。集团生产技术力量雄厚，设备先进，拥有国际一流的生产设备及监视测量装置 150 台。年产各类板材 30 余万米³，年产值 15 亿人民币。集团已获得欧盟 CE 认证、森林管理 FSC/COC 认证、美国 CARB 认证，同时新港商标已在境外注册。产品已远销欧洲、大洋洲、非洲、东南亚等全球 100 多个国家和地区。

A6：A6 公司成立于 2003 年，主要生产胶合板、细木工板，墙面板，以出口以为主，主要出口国或地区为中东、美国和欧洲。2010 年出口额为 200 多万美元。原料以国内市场购买为主，主要来源地为南非、北美、印度和马来西亚。一线工人工资约为 2 500 元/月，工人中 80%～90% 是外地人。

A7：A7 公司是一家专业生产细木工板及木材贸易的综合性企业，厂区占地面积 3 万米²，其中建筑面积 1 万米²，企业员工 400 余人，管理人员 20 多人，固定资产 800 万元。下设两家分工厂，主要生产高质量的多层板、细木工板、覆膜板、贴面板，经多年发展已形成产值 1 亿元的生产规模。公司现拥有细木工板，多层板等多条生产线，已形成年产 15～25 毫米细木工板 5 万米³，3.6～24 毫米多层板 3 万米³ 的综合生产能力，生产工艺和产品质量均达到国内先进水平，远销 20 多个省、直辖市、自治区，并出口韩国、中东、欧美、东南亚等十几个国家和地区。在木材贸易方面，公司与东南亚及美洲等国家和地区建立长期，稳定，友好的贸易关系，公司产品的主要原材料均从上述国家地区进口。2010 年实现销售额 1.2 亿元，35% 的产量出口，主要是欧洲、美国和中东市场，企业现有员工 400 余人，管理层 20 余人。

A8：A8 公司成立于 1993 年，经历 15 年的探索发展，现已成为高档胶合板，家具基材，及地板基材专业生产厂家。公司现拥有固定资产 1 000 多万元，厂区占地

5 万米^2，员工 1 000 多人，其中技术人员 90 多人，高级工程师 3 人，现有 12 条生产线，年生产胶合板 6 万米^3，设备先进，技术力量雄厚，产品规格齐全。

A9：A9 公司是一家专业生产各种规格覆膜板、胶合板的厂家，位于苏鲁交界。资源丰富，交通便利，是苏北淮海经济区板材生产骨干企业。主要生产胶合板、杨木芯板、桦木芯板、松木芯板等的覆膜板、细木工板、建筑混凝土模板。公司目前现有生产厂房 1.5 万米^2，职工 900 余人，各类技术人员 40 余人，固定资产近千万元，目前现有 15 条胶合板生产线，每年生产优质板材 12 万米^3，2010 年销售收入达到 4 亿元。

A10：A10 公司建于 1995 年 8 月，占地面积 11.8 万米^2，建筑面积 5.6 万米^2，固定资产总值 6 000 万元。胶合板生产线 20 条，年产胶合板 16 万米^3，实木复合地板线 2 条，年产 1 800 万米^2，现有职工 1 100 人，技术人员 120 人。主要产品有系列多层板、高级覆膜板、桦木贴面板、三聚氰胺贴面板、实木复合地板、MDO、HDO 等。目前已经实现产品 100%出口，主要销往美国、加拿大、欧洲和中东等国家和地区。2006 年集团与美国珀尔公司共同投资 1.2 亿元，成立了徐州 A10 公司，占地 6.6 万米^2，主要生产实木复合地板和异形建筑结构板。现有先进机器设备，如多层单板干燥机设备，进口意大利定厚砂光机器，德国产豪迈地板生产线，先进的检验检测设备等。

A11：A11 公司始建于 2003 年 6 月，位于江苏省邳州市新河工业区，占地 10 万余米^2，资产超过 2 000 万元，员工 800 余人，其中技术人员 20 人，高级工程师 4 人。公司主要以生产高档覆膜板、地板基材、多层胶合板和贴面板为主。工厂拥有国内最先进的人造板生产线和齐全的实验检测仪器。生产线共 15 条，年产量 6 万米^3。产品主要出口美国、加拿大、新加坡、印度、韩国、英国、意大利及中东等国家和地区。产品主要用于家具制作、室内装修、楼盘建筑、桥梁施工、托盘材料等。

A12：A12 公司主要代理生产维德木业的产品，从德国、日本、意大利等国成套引进具有当今国际先进水平的生产设备，并从东南亚、非洲等地区进口优质原木，生产各类高档装饰单板、胶合板、贴面板、实木复合地板、科技木切片、科技木锯材等木材制品，年产能力 20 万米^3。公司重视产品质量和环保性能，致力于环保胶黏剂的研发与运用，产品中的甲醛释放量达 E1 标准，被评定为"绿色室内装饰材料"，并通过了中国环境标志产品认证。公司重视科技创新，研究开发了科技木，不仅填补了国内空白，而且达到了国际先进水平，因而，科技木不仅通过了省级科技成果鉴定，而且被确认为国家级"高新技术产品"，并已获 27 项外观设计国家专利，3 项实用新型国家专利。

A13：A13 公司于 2003 年成立，坐落于风景秀丽的邳州市戴圩镇工业园区，占地面积 7.3 万多米²，固定资产 6 500 万元。公司拥有先进的管理技术，一流的工艺设备（双面定厚砂光机、单板干燥机），公司拥有 12 条高档胶合板和家具板生产线。月产量在 5 000 米³ 左右，拥有自营出口权，产品出口美国、欧洲、中东等国家和地区，内销全国各地。主要产品有：桦木（白桦、枫桦）、全杨木、覆模板、红橡、大白木、松木、奥古曼、水曲柳等，各种尺寸的地板基材、刨切贴面板。出口方面，胶合板 95％出口，均是自主品牌，其中欧洲市场占 50％，中东市场 40％。企业拥有 Cub 认证和CE 认证，2010 年实现销售额 7 500 万元。企业一线工人 300 余名，年薪 3 万元左右，管理人员 20 人，年薪 10 万元，技术人员 40 余人，年薪 6 万元。

A14：A14（徐州）公司是由国家高新技术企业 A14（北京）集团有限公司控股的，从事多功能环保板材的研发、生产、贸易、服务的专业公司。工厂占地 9 万多米²，厂房面积 6 万米²，现有职工 300 多人，其中专业技术人员 40 多人。大型数控板材自动化生产线和全方位光速涂装生产线 10 多条。公司目前主营产品有以下八大系列：铝镁板系列、镁木装饰板系列、木纹挂板系列、外墙保温板系列、多功能一体板系列、霍德利地板系列、霍德利家具板系列、地铁站台专用防火装饰板系列。产品不仅具有防火、防水、隔音、防蛀、高强度、无甲醛、苯及其他挥发性污染物等优点，同时具有可塑性强、工程物理性能好，可钉、可锯、可粘、可刨、易二次加工的特点，是一种优质的多功能环保材料。

A15：A15 公司是专业生产高档胶合板、覆膜板为主的出口型企业；位于全国最大的板材出口加工业基地江苏省邳州市，距连云港港口 180 千米，距连徐高速公路2 千米，距京沪高速公路 40 千米，便捷的交通网络和优越的地理位置为我公司的发展提供了良好的环境。公司始建于 2004 年 2 月，占地 3 万米²，固定资产总值 1 000 万元，胶合板生产线 6 条，拥有先进的机械设备，如单板干燥设备、进口意大利定厚砂光设备和先进的检验检测设备，年生产胶合板 4 万米³。现有职工 500 人，技术人员 30人，设备先进，技术力量雄厚，产品规格齐全。主要产品有系列多层板、高级覆膜板、同向板、桦木贴面板等，目前实现产品 95％出口，主要销往韩国、中东、美国和欧洲等国家和地区。

A16：A16 公司创建于 1993 年，经历 20 年的发展，成为中国实木健康生态板第一品牌企业。公司建筑面积 10 万米²，总资产达到 2 亿元，员工 1 000 余人，公司拥有国内最先进的生态板生产线，全进口 UV 板生产线和 20 条板材深加工生产线，配备先进的人造板生产设备检测实验室。公司旗下拥有中原、韩氏两大品牌，主要生产实木健康生态板、UV 板、贴面板、家具板、胶合板、木工板、集成材等系列板材。韩氏品牌在全国 70 个城市建立 100 多家全国连锁店，产品销售网络覆盖全国各地，并销往美洲、欧洲、澳大利亚、新西兰、中东等地区，深受用户欢迎。

A17：A17 公司是一家专门从事各类贴面板、多层板、中密度板制造与销售的大中型企业。公司占地面积 6.6 万多米²，建筑面积 4 万多米²，拥有固定资产 5 000 万元，各类木业加工设备 400 多套，员工 1 000 多人。公司自 1999 年成立起，引进各种先进技术提升产品质量，不断完善服务体系满意客户，持续改进管理提升效率，努力把最好的产品呈现给客户。现在，公司已经成为嘉善地区最大的木业企业之一，产品覆盖了贴面多层板、贴面中密度板、贴面细木工板 3 大系列 200 多个品种。公司产品不但畅销国内市场，还远销欧洲、美洲、中东、东南亚等海外市场。

A18：A18 公司始建于 1996 年，坐落于中国的板材基地——临沂市临西工业园，距京沪高速公路出入口 2 千米，距青岛港 300 千米，距连云港 120 千米，交通十分便利。公司下设三个分厂和一个进出口公司，胶合板、家具板年产量达 8 万米³，贴面板年产量达 3 万米³，三聚氰胺基材板、三聚氰胺贴面板年产量达 5 万米³。企业有与生产相适应的实验室，具备对原材料、半成品和成品有化验、检测的能力，公司已通过环境认证、质量体系认证、Cub 认证等认证，生产的各类产品通过进出口公司主要销往美国、欧洲、韩国、北非、中东等国家和地区。经过 10 多年的奋斗和发展，福达木业有限公司由最初的白手起家发展成为了目前拥有总资产超过近 8 000 万元、员工 1 200 余名的国内知名木材加工企业。

A19：19 公司始建于 1993 年，占地面积 13.3 万多米²，现拥有胶合板生产线 16 条，高档贴面板 6 条，环保型实木复合地板生产线 2 条。主要产品有覆膜板，高档贴面板，环保型实木复合地板，年产各类高档胶合板 20 万 m³、环保型实木复合地板 300 万米²，2010 年实现产值 4 亿元，地板产值约占 1/3，内贸和出口比重接近 1：1，出口产品以贴牌为主，占 50%～60%。生产高峰的 2006—2007 年度，公司员工达到 2 000 余人，2010 年员工有 1 300～1 400 余人，一线工人月工资达到 3 000 元。

A20：A20 公司始建于 1999 年，目前占地面积 6.5 万米²，厂房面积 3 万米²，总投资 8 600 万元，实木复合地板年生产能力 200 万米²，以出口为主，美国市场占比 70%～80%，少量出口欧洲市场，均是贴牌产品，同时还下设基板，面板、坯料车间等一条龙生产流水线，胶合板、装饰贴面板的年生产能力 2 万米³。企业现有员工 500 余人，一线工人月工资 2 000 多元，招工比较困难。作为专业从事天然木材制品生产和加工的综合型企业，近年来，公司不仅扩大了主要产品地板基材、面材、贴面装饰板的生产，更完善了多层实木复合地板、三层实木复合地板、结构实木复合地板等地板产品的生产，同时，公司非常注重产品研发，组建有 20 余人的研发团队。

B1：B1 公司创建于 2001 年 4 月，是国内专业从事木地板生产的骨干企业。公司占地面积 8 万多米²、建筑面积 5 万多米²，拥有多条国际先进的全自动地板加工生产线，地板年产能力 1 600 万米²。企业产品 90% 出口国外，前几年以贴牌为主，销售则与大型超市（如沃尔玛等）合作，近年来开始经营自主品牌地板，以直营店的方式在美国、加拿大、韩国等地开始运作。

B2：B2 公司是一家总部位于江苏省常州武进的地面装饰材料生产和销售的民营创新型企业，于 2004 年 10 月成立于中国常州，旗下公司包括 3 个设在美国、加拿大和澳大利亚的分公司。公司占地 11.8 万米²，拥有现代化标准厂房和办公环境，拥有国际最为先进的强化地板成品及其原材料检测检验设备，拥有 4 条全自动数控开槽设备线、最为先进的压贴生产线以及一体化激光定位开板机，年生产能力达 1 200 万米²。B2 公司选择国内国际一流的原材料供应商，并形成永久性战略合作伙伴，采用美国美德公司进口耐磨纸、国内最优质环保活性速生杨基材以及防褪色抗紫外线高清晰装饰纸，钢板模具由德国山特维克公司提供。企业成立独立检测检验中心对所有外协外购的原材料及成品进行全面质检，确保每一块欧龙地板的至高品质。

B3：B3 公司是专业化生产浸渍纸层压木质地板的大型制造企业，成立于 1999 年 6 月，位于中国最大的强化地板生产基地——常州市横林工业区，工厂占地 10 万多米²，厂房面积 6 万米²，固定资产 2.2 亿元。拥有卧式全自动浸胶机生产线一条，全自动压贴生产线五条，全自动地板开槽线五条，其中全自动德国豪迈地板生产线二条，具有年产强化木地板 1 500 万米² 的生产能力。

B4：B4 公司成立于 2003 年，2006 年扩大生产规模，目前拥有 17 条生产线，均为国产设备，主要生产加工高档复合木地板和异形板，年加工能力为 7 万～8 万米³。原料以国内速生杨为主，来源有三：①在 10 多个农村与村民签约建立近 200 公顷的速生杨种植基地；②企业自身种植速生杨 20 余公顷；③从河南等地采购。2010 年实现产值 1.2 亿元，产品销售方面，主要是贴牌，根据采购商的订单要求进行生产。企业原有员工 500 余人，现因经营环境不好，目前在岗员工为 200～300 人。

B5：B5 公司是 Thomas Baert（比利时籍）于 2004 年在上海组建的专营地板的跨国企业。总投资额为 7 500 万美元，经过五年发展，公司在嘉善建立了占地 20 万米^2 的国际化、现代化生产基地与原木加工、实木地板加工、实木复合地板加工、强化地板加工四大产业中心，拥有员工 1 600 多人，年产能突破 3 000 万米^2，在全球名列前茅。

B6：B6 公司创建于 1997 年，注册资金为 1 000 万元，现有现代化厂房 5 万米^2。公司技术力量雄厚，大学本科以上学历的高素质管理人员和生产技术人员有 50 余人；是一家集专业化设计，全程化产销，全方位服务为一体的实木复合地板优秀制造商。公司下设 2 个分厂，配置了从德国，日本，台湾引进的全套最先进的复合地板生产线，年设计产量达 300 万米^2，产品远销美国、欧洲、日本、泰国等海外市场。

B7：B7 公司是一家从事地板与楼梯生产的大型民营企业。公司占地面积 6.6 万多米^2，建筑面积 3.9 万米^2，总资产 1 亿多元人民币，现有员工 300 多名，拥有高中级职称技术人员 30 名。公司产品主要是具有自主品牌的地板、楼梯、木门、橱柜和板材五大系列，产品的原料大部分从东南亚、南美、非洲等地进口。采用德国、意大利等世界先进生产设备；德国进口坚弗油漆、淋漆、辊漆等先进工艺制作。地板分为实木地板、多层实木复合地板、强化复合地板、仿古地板、艺术拼花地板、户外地板、地暖地板等多个系列。细木工板主要包括各种中高档环保型细木工板、杉木集成板、三聚氰胺板、PVC 贴面板、装饰贴面板等健康环保型室内装饰材料。

B8：B8 公司始建于 1997 年，位于全国最大的强化地板加工基地常州市横林镇，是一家专业从事浸渍纸、压贴及强化复合地板产品的大型综合企业，现有员工 260 多人，三座现代化管理及生产的厂区，占地面积近 8 万米^2，年产强化木地板生产能力 1 200 万米^2，是中国地板业界实力较强并享有美誉的企业之一。主要从事强化地板的一条龙生产，产品远销美国、加拿大、韩国、俄罗斯等 32 个国家和地区。2008 年，公司与马来西亚成功集团合资建造了新的工业园，该工业园位于横林镇镇中心商业区，横林国际地板城西侧。

B9：B9 公司始创于 1992 年 8 月 18 日，坐落在江苏省常州市崔桥工业区，是一家集研发、制造、销售为一体的多元化公司，公司现在拥有全自动生产流水线，并引进德国先进的生产工艺，产品远销欧美等发达国家。2007 年公司新建了现代化办公大楼，引进德国先进的生产工艺，投资 3 000 多万元新增加了两条国际一流的全自动木地板生产流水线。公司现拥有国际先进的多条全自动强化木地板生产线、及先进的检测设备，年生产能力达 2 000 多万平方米。公司现有 60 多名企业管理人才，建立了一个 2 000 多人的品牌团队。

B10：B10 公司创立于 1997 年，坐落在中国强化木地板之都——常州市横林镇，是一家专业从事开发、生产强化木地板、钢地板、玻璃纤维短切毡、铝塑板、防火板的大型民营企业。公司总建筑面积 7.5 万米²，拥有员工 400 多名，其中中级及以上技术人员 120 多名。同时，拥有全套的德国进口豪迈（Homag）生产线、豪景、威力全自动开槽线、强化地板压贴线、凹版高速印刷线共计 20 余条，年产销能力可实现自主品牌强化木地板 1 000 万米²，压贴大板 200 万张，各类装饰、地板面纸 3 500 吨。公司历经多年的发展和磨砺，先后通过了国际质量管理体系认证、环境管理体系认证、职业健康与安全管理体系认证、欧盟 CE 认证、中国环境标志产品认证、国家计量保证确认，并率先通过了国家"阻燃"、"地热"产品的权威鉴定。

C1：C1 企业位于山东省日照市莒县城阳镇，以生产经营瓦楞纸、高强瓦楞纸和卫生纸为主。1992 年建厂以来，工厂顺应市场需求变化，更新技术和设备，2010 年花费 1 600 万元购买了新型一体化生产设备，属于生产瓦楞纸、高强瓦楞纸的第四代设备。产品以瓦楞纸、高强瓦楞纸为主，年产量约为 3 万吨。目前有员工 60 多人，均来自本县，工资实行协商制，一线工人月工资 2 500 元左右，技术人员可达到 3 500 元。

C2：C2 企业原来是一家国营造纸厂，于 1969 年建厂，2004 年被某企业集团收购，并购前后，企业的主要产品基本没有变动，主要产品是文化用纸。公司年生产能力是 10 万吨纸、10 万吨浆，日制浆能力 270～280 吨，生产的纸浆有部分直接出售，日售量为 160～170 吨。目前有员工 1 800 多人，技术人员 40 多名，管理人员 130 人左右，一线工人工资 1 700～1 800 元/月，2010 年工资水平约为 1 400 元/月，工资的上涨仍然难以解决招工难的问题。工人主要来自本地，外地很少。

C3：C3 公司位于驰名中外的泰山脚下，自 2003 年建设特种纸工业园开始，8 年时间内，百川纸业有限公司建设成为占地 32 万多米²、拥有员工 800 余人、7 条生产线、1 个加工车间、1 座日处理污水能力 2.4 万米³ 的处理厂、年生产能力 13 万吨的特种纸生产企业。公司采用国内最先进的造纸设备和造纸技术，应用国外一流的自动化控制系统，拥有先进的工业用纸生产技术和化纤纸生产线。主要产品有成型纸、字典纸、圣经纸、轻型纸、证券纸、羊皮纸、装饰纸、纱管纸等，产品质量在全国同类产品中名列前茅，其中轻型纸、装饰纸有少量出口。本公司是国内最大的羊皮纸生产商，年产量 1 万吨，占据国内市场 60% 的份额，公司拥有自己的研发的团队，研发人员约占公司员工的 10%。

C4：C4 公司的前身是高唐县造纸厂，筹建于 1976 年 7 月，1978 年 5 月正式投产。1982 年实现建厂的第一次盈利。本公司是以浆纸业为核心的大型企业集团，集团总资产 55 亿元，现有员工 10 000 人，年生产能力精制浆 40 万吨，机制纸 70 万吨，有机肥料 60 万吨，食品医疗包装盒 24 亿只，2010 年实现销售额 59 亿元，利税 11 亿元。集团通过了国际质量、环境、职业健康与安全三合一管理体系认证和国家 AAAA 级标准化良好行为企业认证，建有国家级企业技术中心，是国家创新型试点企业、国家第一批循环经济试点企业、山东省政府重点培育的六大浆纸集团之一。集团构建了以本色产品为主导的多元化产品结构和适应国际化需求的营销网络。主导产品有精制本色浆、本色文化纸、本色生活用纸、食品医疗包装盒、绿色有机肥料五大类上百个品种，产品畅销国内 30 多个省、直辖市、自治区，部分产品远销欧美、日韩等国际市场。目前，企业有工人 11 600 多人，车间技术工人 2 000 多人，一线工人月工资 2 200～2 300 元，技术工每月 3 500～3 600 元，管理层一般管理人员月工资 2 000 元，高级管理人员一般都配有股权，工资也比较高。

D1：D1 企业始建于 1995 年，是一家集研究、开发、制造锅炉和人造板设备的专业公司，注册资本 700 万元。总部坐落于全国板材业最为集中的临沂南楼工业园内。主要生产热压机、宽带砂光机、细细木工板拼板机、自动铺板机等，年产值近亿元，主要销往临沂当地及附近地区，约占本地市场份额的 30%。目前有员工 200 余人，企业用够自己的研发团队，负责产品的研发。工厂占地 6 000 余米^2，2010 年新开设一家板材厂，占地 13 300 余米^2，建筑面积 5 000 余米^2。

D2：D2 公司占地面积 26.2 万多米^2，标准化钢结构厂房建筑面积 13.8 万米^2，总资产 2.9 亿元，注册资本金 1 500 万美元。设备投资近 9 000 万元，其中从德国、荷兰、意大利等国以及我国台湾进口设备约 600 万美元。企业已于 2005 年 3 月份投产，可年产木门 200 万片、实木复合地板 200 万米^2。

D3：D3 公司是一家以生产中高档实木复合门、橱柜、衣柜等为主的企业，总部位于上海，目前拥有员工 300 余人。原材料以本地原料为主，兼有部分进口原料，产品方面，国内市场以直营店的方式建立销售网络，出口主要是代工生产，以小批量、多品种为主，订单化生产，年销售额 1 亿元左右。2010 年 8 月，公司获得自营出口权，主要出口市场是中东市场。

Shennong
Series

附录 2　企业问卷调查的描述性统计分析

2011 年 8 月和 11 月，欧盟新木材法案对中国木业中小企业影响评价项目组在我国木业企业集中地江苏邳州和常州、浙江嘉善和山东临沂等地对木业中小企业及当地政府部门、行业协会等展开调查，在访谈调查的同时，还进行了部分问卷调查，共获得有效问卷 73 份，问卷调查的描述性统计结果如下。

1. 企业基本情况

调查企业以私营企业为主，占比为 91.78%，其他类型企业数量均较少，有 3 家股份制企业，2 家中外合资企业和 1 家国有企业（附表 2.1）。

附表 2.1　不同所有制性质的企业数量分布

所有制性质	企业数量（个）	比重（%）
国有企业	1	1.37
股份制企业	3	4.11
私营企业	67	91.78
中外合资企业	2	2.74
全部	73	100

在企业财务指标方面，注册资本、2010 年资产总额、2010 年主营业务收入、2010 年营业利润和 2010 年税收总额分别有 25 家、34 家、34 家、13 家、14 家企业提供了数据。根据提供的数据整理可知，注册资本最低的企业 80.0 万元，最高的为 5 000 万元，均值为 675.2 万元；2010 年资产总额最低的企业为 250.0 万元，最高的为 2.9 亿元，均值为 3 947.8 万元，分布范围较广；2010 年主营业务收入最低的企业为 300.0 万元，最高的为 4.5 亿元，均值在 9 987 万元，可以看出，不同企业收入情况相差悬殊；2010 年营业利润最低的企业为 87.5 万元，最高近 3 000 万元，均值为 846.9 万元，反映了不同企业的盈利能力差别明显；2010 年税收总额最低的企业为 54.3 万元，最高的企业为 2 000 万元，均值在 541.9 亿元（附表 2-2）。

附表 2.2 调查企业主要财务指标情况

	企业数量（个）	均值	最小值	最大值
注册资本（万元）	25	675.2	80.0	5 000
2010 年资产总额（万元）	34	3 947.8	250.0	29 000
2010 年主营业务收入（万元）	34	9 987.0	300.0	45 000
2010 年营业利润（万元）	13	846.9	87.5	2 975
2010 年税收总额（万元）	14	541.9	54.3	2 000

在就业方面，69 家企业提供了 2010 年的就业数据，最低就业人数 39 人，最高就业人数 11 600 人，均值在 583 人，不同企业就业人数相差悬殊。2010 年单位产品平均成本方面，34 家企业提供了有效的数据，最低成本 26 元，最高成本 60 元，均值为 37.3 元，由于产品不同，包括胶合板、强化木地板、复合木地板等，因此单位产品成本差异明显是正常的（附表 2.3）。

附表 2.3 调查企业职工人数及单位产品平均成本情况

	企业数量（个）	均值	最小值	最大值
2010 年职工总数（人）	69	582.5	39	11 600
2010 年单位产品平均成本（元）	34	37.3	26	60

木材原料占产品成本比重方面，有 39 家企业提供了该指标的数据。基于这 39 家企业的数据，有近 60% 的企业认为木材原料占产品成本比重为 70%~80%，近 30% 的企业认为原料成本占产品成本比重为 60%~70%（附表 2.4）。

附表 2.4 木材原料占产品成本比重的分布情况

木材原料占产品成本比重	企业数量（个）	比重（%）
60%~70%	11	28.21
70%~80%	23	58.97
80%~90%	4	10.26
93%	1	2.56
全部	39	100

企业员工工资方面，2008—2010 年是一个明显的工资增长过程。2008—2010 年，分别有 33 家、34 家和 60 家企业提供了员工工资数据，2008 年最低月工资 1 200 元，最高达到 2 500 元，平均工资为 1 900.0 元，到了 2010 年最低工资达到 1 800 元，最高达到 3 500 元，平均工资达到 2 816.7 元，平均工资增长了 48.25%（附表 2.5）。

附表 2.5　2008—2010 年企业员工月均工资情况

员工月均工资（元）	企业数量（个）	均值	最小值	最大值
2010 年	60	2 816.7	1 800	3 500
2009 年	34	2 347.1	1 700	2 900
2008 年	33	1 900.0	1 200	2 500

2. 企业购销情况与技术水平

木材原料来源地方面，由于不同客户对产品的需求不同，对产品原料的要求的也存在较大差异，因此木材原料既有来自国内部分省份，也有来自其他国家和地区。国内木材原料，有 29 家企业使用来自江苏的木材原料，占所调查的全部 73 家企业的近40%，有 25 家企业使用来自山东的木材原料，约占所调查全部 73 家企业的 34%，此外，来自安徽、河南、湖北、江西、广西、广东等地木材原料也较多，由于调查地点集中在江苏、浙江和山东，因此此处的比重只能反映被调查企业的木材原料使用情况，没有代表性，也不能说明其他地区其他企业的木材原料使用情况。国外木材原料来源也比较广泛和复杂，有 6 家企业使用有来自俄罗斯的木材原料，5 家企业使用有来自美洲的木材原料。此外，来自印度尼西亚、马来西亚、欧洲、菲律宾、非洲、智利等国家和地区的木材原料也被调查企业使用（附表 2.6）。

木材原料最主要的采购渠道和采购方式方面，分别有 63 家和 62 家企业提供了有效数据。其中，有 40 家企业最主要的木材原料采取渠道是直接采购，有 23 家企业选择的是批发市场购买。单独购买木材原料的企业有 60 家，通过团购方式购买木材的企业仅有 2 家（附表 2.7）。

附表 2.6　调查企业木材原料来源地情况

木材原料来源地	企业数量	比重（%）	木材原料来源地	企业数量	比重（%）
江苏	29	39.73	俄罗斯	6	8.22
山东	25	34.25	美洲	5	6.85
安徽	21	28.77	印度尼西亚	3	4.11
河南	13	17.81	马来西亚	2	2.74
湖北	13	17.81	欧洲	2	2.74
江西	12	16.44	菲律宾	2	2.74
广西	5	6.85	非洲	2	2.74
东北	5	6.85	智利	1	1.37
广东	3	4.11	南非	1	1.37
福建	1	1.37	新几内亚	1	1.37
甘肃	1	1.37	日本	1	1.37
河北	1	1.37	巴西	1	1.37
山西	1	1.37	东南亚	1	1.37
浙江	1	1.37			
云南	1	1.37			
上海	1	1.37			

注：表中给出地区的是因为企业填写调查问卷时未给出明确的国家，仅仅给出地区的缘故。

附表 2.7　木材原料最主要采购渠道和采购方式

木材原料最主要采购渠道	企业数量（个）	比重（%）	木材原料最主要采购方式	企业数量（个）	比重（%）
直接采购	40	63.49	团购	2	3.23
批发市场购买	23	36.51	单独购买	60	96.77
全部	63	100	全部	62	100

　　企业产品产量和销售额方面，2010 年最主要产品产量和销售额的数据分别只有 42 家和 45 家企业提供。最主要产品产量最低的企业只有 20 万米²，最高的达到 1 500 万米²，产量相差悬殊，销售额最少的企业只有 1 000 万元，最高的达到 3.45 亿元（附表 2.8）。

Shennong
Series

附表 2.8　2010 年企业最主要产品产量及企业销售额

	企业数量（个）	均值	最小值	最大值
2010 年最主要产品产量（万米²）	42	325.57	20	1 500
2010 年销售额（亿元）	45	1.16	0.1	3.45

企业产品出口方面，73 家调查企业，只有 3 家企业全部出口，剩下 70 家企业或全部国内销售或部分国内销售（附表 2.9）。

附表 2.9　调查企业产品出口情况

	企业数量（个）	比重（%）
产品全部出口	3	4.11
产品在国内销售	70	95.89
全部	73	100

产品国内市场销售比重方面，60 家企业提供了该指标的数据，可以看出，有 12 家企业产品全部在国内市场销售，国内市场比重低于 10% 的企业有 3 家，国内市场销售比重 10%～30% 的企业有 15 家，国内市场销售比重 50%、60%、70% 和 80% 的企业分别有 6 家、7 家、5 家和 4 家（附表 2.10）。

附表 2.10　产品国内销售比重情况及企业数量分布

产品国内销售比重	企业数量（个）	比重（%）
10% 以下	3	5.00
10%～30%	15	25.00
30%～50%	8	13.33
50%	6	10.00
60%	7	11.67
70%	5	8.33
80%	4	6.67
100%	12	20.00
全部	60	100.00

产品国内市场销售渠道方面，有 56 家企业提供了该指标数据，27 家企业自建专

卖店销售，26 家企业区域授权销售，贴牌销售的企业只有 3 家（附表 2.11），可以看出，国内市场上，企业销售的主要方式是自建专卖店和区域授权，销售方式相对单一，其他销售方式很难见到。

附表 2.11　产品国内销售的最主要渠道

产品国内市场最主要销售渠道	企业数量（个）	比重（%）
自建专卖店销售	27	48.21
区域授权销售	26	46.43
贴牌销售	3	5.36
全部	56	100

企业核心产品出口方面，60 家企业有产品出口，4 家企业没有出口（附表 2.12）。

附表 2.12　企业核心产品出口情况

最核心产品出口情况	企业数量（个）	比重（%）
没有出口	4	6.25
有出口	60	93.75
全部	64	100

企业产品出口额和出口额占销售额方面，只有较少的企业提供了其企业的数据。18 家企业提供了产品出口额的具体数据，出口最少的企业只有 80 万美元出口额，最多的有 2 100 万美元出口额。32 家企业提供了出口额占销售额的比重数据，出口额占销售额最低的达到 30%，最高达到 98%（附表 2.13）。

附表 2.13　2010 年企业产品出口额及出口额占销售额比重情况

	企业数量（个）	均值	最小值	最大值
2010 年产品出口额（万美元）	18	830.56	80	2 100
2010 年出口额占全部销售额比重（%）	32	—	30	98

企业出口方式方面，有 6 家企业自建海外销售渠道，有 46 家企业是接受国外订单，按订单生产，有 2 家企业有合资或独资的外方企业负责销售，说明了我国木业企业在世界木材产品产业链上，仍然处于加工的环节（附表 2.14）。

附表 2.14　企业最主要的出口方式

企业最主要的出口方式	企业数量（个）	比重（%）
自建海外销售渠道	6	11.11
接受国外订单，按订单生产	46	85.19
有合资或独资的外方企业负责销售	2	3.7
全部	54	100

企业出口原因方面，有 44 家企业提供了答案，13 家企业认为外销利润较高，3 家企业主要是生产适合国外消费者的高端产品 28 家企业是因为拥有稳定的外销渠道（附表 2.15）。

附表 2.15　企业出口的原因情况

企业出口原因	企业数量（个）	比重（%）
出口产品利润高	13	29.55
主要生产适合国外消费者的高端产品	3	6.82
拥有稳定的外销渠道	28	63.64
全部	44	100

出口企业自主品牌、销售渠道和定价权方面。有 49 家企业提供了是否拥有自主品牌出口的数据，26 家企业拥有自主品牌出口产品，占比 53.06%；有 50 家企业提供了是否拥有稳定外销渠道的数据，45 家企业拥有稳定的外销渠道；有 32 家企业就出口产品是否有定价权给出了答案，10 家企业出口产品拥有定价权（附表 2.16）。

附表 2.16　出口产品企业的自主品牌、销售渠道及定价权情况

	自主品牌		稳定的销售渠道		定价权	
	企业数量（个）	比重（%）	企业数量（个）	比重（%）	企业数量（个）	比重（%）
有	26	53.06	45	90	10	31.25
无	23	46.94	5	10	22	68.75
全部	49	100	50	100	32	100

企业生产设备、工艺流程、产品设计和质量控制水平方面，分别有 48 家企业、48 家企业、43 家企业和 47 家企业提供了数据。7 家企业生产设备水平达到国际领先，29

家企业生产设备水平国内领先；4 家企业工艺流程达到了国际领先水平，34 家企业工艺流程达到国内领先水平；6 家企业产品设计水平达到国际领先，23 家企业产品设计达到了国内领先；1 家企业质量控制水平达到国际领先，32 家企业质量控制达到国内领先水平（附表 2.17）。

附表 2.17 企业生产设备、工艺流程、产品设计和质量控制水平情况

	企业生产设备水平		企业工艺流程水平		企业产品设计水平		企业质量控制水平	
	A	B	A	B	A	B	A	B
国际领先	7	14.58	4	8.33	6	13.95	1	2.13
国内领先	29	60.42	34	70.83	23	53.49	32	68.09
国内先进水平	10	20.83	7	14.58	12	27.91	12	25.53
国内一般水平	2	4.17	3	6.25	2	4.65	2	4.26
全部	48	100	48	100	43	100	47	100

注：A 表示企业数量，其单位是个；B 表示该类企业占该项填写企业的比重，单位是%。

企业研发投入及研发力量方面，22 家企业给出了本企业 2010 年研发投入情况，研发投入最低的企业投入资金 50 万元，最高的达到 4 000 万元；26 家企业提供了研发人员数量，研发人员最少的有 3 人（此处除掉没有提供研发人员数量的企业），最多的有 80 人（附表 2.18）。企业是否拥有专门研发机构方面，有 31 家企业拥有专门的研发机构，占比约为 42%（附表 2.19）。

附表 2.18 2010 年企业研发投入及研发人员数量情况

	企业数量（个）	均值	最小值	最大值
2010 年企业研发投入（万元）	22	477	50	4 000
2010 年研发人员数量（人）	26	14.5	3	80

附表 2.19 企业拥有专门研发机构情况

	企业数量（个）	比重（%）
有专门研发机构	31	42
无专门研发机构	42	58
全部	73	100

3. 企业对美欧木材法案的认知情况

企业对美国雷斯法案修正案的了解方面，有59家企业听说过美国雷斯法案修正案，占比80.82%，了解美国雷斯法案修正案的渠道也呈现多样性，电视或广播、报刊或杂志、网络、同行、当地政府或协会、国外购货商、国外组织的宣传都是企业的了解渠道（附表2.20、附表2.21）。

附表 2.20　企业对于美国雷斯法案修正案的了解

	企业数量（个）	比重（%）
听说过美国雷斯法案修正案	59	80.82
未听说过美国雷斯法案修正案	14	19.18
全部	73	100

附表 2.21　企业了解美国雷斯法案修正案的渠道

了解美国雷斯法案修正案的渠道	企业数量（个）	比重（%）
1、2、3、5	9	17.0
1、2、3、5、6	10	18.9
1、2、5	1	1.89
1、5、7	1	1.89
2、3、5、6	5	9.43
2、3、6	1	1.89
2、6、8	1	1.89
3、5	2	3.77
3、5、6	2	3.77
5	4	7.55
5、6	13	24.5
5、6、7	2	3.77
7	2	3.77
全部	53	100

注：了解美国雷斯法案修正案的渠道中：1表示电视或广播；2表示报刊或杂志；3表示网络；5表示同行；6表示当地政府或协会；7表示国外购货商；8表示国外组织的宣传。

　　企业对欧盟新木材法案的认知方面，有49家企业听说过欧盟新木材法案，占比67.12%。了解欧盟新木材法案的渠道也呈现多样性，电视或广播、报刊或杂志、网络、同行、当地政府或协会、国外购货商、国外组织的宣传都是企业的了解渠道。有25家企业确切知道欧盟新木材法案的实施时间。企业对于欧盟新木材法案实施的具体目的回答不一，减少非法砍伐，保护环境，保护欧盟自身产业，促进可持续经营森林，帮助弱势群体，抑制中国经济发展，促使中国企业购买美国或欧盟木材供应商的木材原料都是企业认为欧盟新木材法案的实施目的。有11家企业已经开始考虑如何应对欧盟新木材法案，占到了全部调查企业的15.07%（附表2.22、附表2.23、附表2.24、附表2.25、附表2.26）。

附表2.22　企业对于欧盟新木材法案的了解

	企业数量（个）	比重（%）
未听说过欧盟新木材法案	24	32.88
听说过欧盟新木材法案	49	67.12
全部	73	100

附表2.23　企业了解欧盟新木材法案的渠道

了解欧盟新木材法案的渠道	企业数量（个）	比重（%）
1、2、3、5	7	14.9
1、2、3、5、6	10	21.3
1、2、5	1	2.13
2、3、5、6	5	10.6
2、3、5、6、8	1	2.13
2、5	1	2.13
2、6、7	1	2.13
3、5	1	2.13
3、5、6	3	6.38
5	1	2.13
5、6	12	25.5

（续）

了解欧盟新木材法案的渠道	企业数量（个）	比重（%）
5、6、7	1	2.13
7	3	6.38
全部	47	100

注：了解欧盟新木材法案的渠道中：1表示电视或广播；2表示报刊或杂志；3表示网络；5表示同行；6表示当地政府或协会；7表示国外购货商；8表示国外组织的宣传。

附表 2.24　欧盟新木材法案的实施时间

欧盟新木材法案的实施时间	企业数量（个）	比重（%）
不知道	48	65.75
知道	25	34.25
全部	73	100

附表 2.25　欧盟新木材法案的实施目的

欧盟新木材法案的目的	企业数量（个）	比重（%）
1	1	3.03
1、2	3	9.09
1、2、3	4	12.12
1、2、3、4	1	3.03
1、2、3、6	1	3.03
1、2、6	1	3.03
1、3	1	3.03
2、5	3	9.09
2、5、6	2	6.06
2、6	1	3.03
5、6	15	45.46
全部	33	100

注：欧盟新木材法案的目的中：1表示减少非法砍伐，保护环境；2表示保护欧盟自身产业；3表示促进可持续经营森林；4表示帮助弱势群体；5表示抑制中国经济发展；6表示促使中国企业购买美国或欧盟木材供应商的木材原料。

附表 2.26 企业是否考虑应对欧盟新木材法案

是否考虑开始应对欧盟新木材法案	企业数量（个）	比重（%）
还没有考虑	62	84.93
已经开始考虑	11	15.07
全部	73	100

4. 美国雷斯法案修正案的影响与应对

企业应对美国雷斯法案修正案方面，有 43 家企业出口美国，占比近 60%。美国雷斯法案修正案实施后，继续出口美国企业有 18 家反映没什么影响，有 12 家企业对美出口量下降，还有部分对美出口企业没有回复该指标。企业继续出口美国，应对美国雷斯法案修正案采取措施方面，有 2 家企业选择了中美合资的木材原料供应商，6 家企业选择其他能提供合法性证明的木材原料供应商，还有 9 家企业没有采取任何措施，也有部分企业没有回复该指标（附表 2.27、附表 2.28、附表 2.29）。

附表 2.27 企业出口美国情况

是否有产品出口美国	企业数量（个）	比重（%）
没有	30	41.1
有	43	58.9
全部	73	100

附表 2.28 美国雷斯法案修正案实施后，企业美国出口情况变化

美国雷斯法案修正案实施后出口美国的变化	企业数量（个）	比重（%）
继续出口美国，没什么影响	18	60
继续出口美国，出口量减少	12	40
全部	30	100

附表 2.29　企业继续出口美国所采取的应对措施

继续出口美国企业的应对措施	企业数量（个）	比重（%）
没有采取任何措施	9	52.95
选择中美合资的木材原料供应商	2	11.76
选择其他能提供合法性证明的木材原料供应商	6	35.29
全部	17	100

　　美国雷斯法案修正案的实施对于继续出口美国的木材企业而言，不同企业应对存在明显差异。根据对该问题做出有效回答的 17 家企业来看，9 家企业没有采取任何措施，这类企业木材原料成本基本没什么变化，但是，有 6 家企业经营者预期在美国市场的份额会有所下降，产品价格将会上涨，但是价格的上涨难以区分出是整体经济形势造成的还是美国雷斯法案修正案实施的影响；有 2 家企业选择中美合资的木材原料供应商，其中 1 家企业认为木材原料成本将上涨 5% 以内，另外一家企业则认为会上涨 5%～10%，2 家企业均认为出口美国产品价格出明显上涨，产品市场份额会有一定增加；有 6 家企业选择其他能够提供合法性证明的木材原料供应商，均认为成本会有上升，但不会超过 5%，其中 3 家企业认为在美国市场的份额会增加，但是增幅不大，有 2 家企业认为稳定现有出口美国的规模就比较好，价格会有所上涨。由此可以看出，企业做出应对必然带来一定程度的成本上升。

　　为了应对美国雷斯法案修正案，企业在生产经营方面或做出一些调整。关于生产经营规模，11 家企业做出了有效回答，其中 10 家企业表示不会对现有生产规模做出大调整，有 1 家企业明确表示要扩大规模。关于是否进行技术升级和改造，11 家企业均表示将会进行技术升级，更新现代化设备、减少劳动力使用分别构成了企业技术改进的方法和目的。关于是否改变雇佣人数，11 家企业明确表示不会立即减少雇工，因为当前招工难的问题仍然困扰着企业，由于招工难的存在加速了企业技术改进的速度和程度。关于工人工资水平，11 家企业均表示工资将会增加，因为整体经济形势环境下，工资上涨已成必然，即便工资上涨，招工难的问题仍未有效和彻底解决。

5. 欧盟新木材法案的影响与应对

　　企业应对欧盟新木材法案方面，有 29 家企业出口欧盟，占比近 40%。欧盟新木材法案实施后，19 家对该指标回复的企业中，有 14 家不会放弃欧盟市场，有 5 家企业选择放弃欧盟市场（附表 2.30、附表 2.31）。

附表 2.30 企业是否出口欧盟的情况

是否有产品出口欧盟	企业数量（个）	比重（%）
是	29	39.73
否	44	60.27
全部	73	100

附表 2.31 欧盟新木材法案实施后企业对于欧盟市场的态度

欧盟新木材法案实施后，是否放弃欧盟市场	企业数量（个）	比重（%）
是	5	26.32
否	14	73.68
全部	19	100

表示将会放弃欧盟市场的 5 家企业中，有 4 家给出了放弃的理由，有 3 家认为应对欧盟新木材法案带来产品成本上升太大，超出了本企业的承受能力和消化能力，有 1 家企业则是因为一次性投资成本过高而决定放弃欧盟市场，转向其他市场，比如中东市场和国内市场。

放弃欧盟市场后，企业将作何选择，5 家表示会放弃欧盟市场的企业有 4 家对该问题做出了回答，一致表示会开拓新的市场，不会就此退出本行业，新市场主要是中东和国内市场。

相比放弃欧盟市场的企业而言，不放弃欧盟市场的企业占主导。如果企业继续出口欧盟市场，针对欧盟新木材法案的相关要求，企业木材原料采购方面需要做出一定调整。8 家企业对于将进行如何调整给出了有效回复，6 家企业将选择能够提供合法性证明的木材原料供应商，此种应对引起的成本上升情况，4 家企业给出了判断，认为成本增加 5% 以内；2 家企业将会选择具有合资背景的木材原料供应商，此种应对引起的成本上升，其中 1 家企业认为达 5%～10%。

关于企业出口欧盟市场的份额和出口产品价格，有 6 家企业做出了有效回复，4 家认为市场份额没有变化，分别有 1 家企业认为市场份额会增加和减少；3 家企业认为出口价格将维持不变，同时也有 3 家企业认为出口价格会提高。

关于企业生产经营规模，4 家企业表示不会改变生产规模，2 家企业将扩大生产规模；关于技术改进和升级，5 家企业表示会进行技术改进和升级，1 家企业认为不需要再改进技术和更新设备，因为已经在 2009 年进行过更新；关于雇工人数，4 家企业表示不会改变现有雇佣规模，2 家企业表示需要增加雇佣，但是招工难的问题同时存在；关于劳动力工资，4 家企业明确表示会增加工资，以留住工人，2 家企业不准备调高工资。

关于欧盟新木材法案的实施对国内木材市场造成的影响方面，5 家企业认为会引起国内木材原料和产品价格同时上涨，6 家企业均表示国内市场的竞争会更加激烈。与此同时，有 2 家企业表示会一定程度影响国际市场木材价格，进口木材价格上涨的可能性很大。

对于欧盟新木材法案实施后，我国进口木材总量变化，4 家企业认为将会减少，1 家企业认为会增加，还有 1 家企业认为进口总量将保持稳定。对从欧美国家进口的比重变化，3 家企业认为将会减少，2 家企业认为保持不变的可能性更大，1 家企业认为会有所增加。

对于欧盟新木材法案实施后，我国出口木材产品总量的变化，4 家企业认为会减少，2 家企业认为将保持现有出口规模；出口欧盟的木材产品比重有 3 家企业认为会下降，同时也有 3 家认为将保持不变。

为了应对欧盟新木材法案的实施，关于政府应该为企业提供的帮助方面，6 家企业认为信息服务、法律服务、技术服务、资金支持、财政补贴和税收优惠等都是需要的。相比之下，企业认为最需要的服务类型，也即是多数企业都需要的，有以下三类，分别是信息服务、法律服务和技术服务。

附录3　企业调查问卷

问卷编号：_____调查填报人：_____调查填报时间：_____年　月　日

"美欧新木材法案与我国林业企业发展"调查问卷

您好：

　　我们是中国人民大学课题组，正在开展与美欧新木材法案相关的课题研究，为了较为全面地评价和分析美国、欧洲相继通过的新木材法案对我国林业企业发展、特别是对林业企业进出口贸易的影响，特开展本问卷调查。本问卷调查的汇总结果只会主要用于课题研究，对您填写的每份调查问卷上的内容我们将会严格保密。请您协助根据要求填写问卷。非常谢谢您的合作！

中国人民大学美欧新木材法案研究课题组

联系人：＊＊＊＊电话：＊＊＊＊＊＊＊＊＊＊＊＊

A. 企业基本情况

01. 企业名称_____。

02. 企业注册时间_____年____月，总注册资本_____万元；企业投产时间_____年____月。

03. 企业所有制性质为_____。

　　（1）国有企业；（2）集体企业；（3）股份制企业；（4）私营企业；

　　（5）外方独资企业；（6）中外合资企业；（7）其他（注明）_____。

04. 2010年末资产总额_____万元；企业职工总数_____人。

05. 2010年企业主营业务收入_____万元，营业利润_____万元；税收总额_____万元。

06. 2010年强化木地板的单位平均成本_____元/米^2；基材占_____%；劳动力占_____%；其他占_____%。

07. 2010年、2009年和2008年一般工人的月平均工资分别为_____元、_____元和_____元。

B. 企业的购销情况与技术水平

08. 企业生产强化木地板所用基材主要来源地？

来源地（1）_____，比重_____；来源地（2）_____，比重_____；来源地（3）_____，比重_____；来源地（4）_____，比重_____。

09. 企业生产强化木地板所用基材最主要的采购渠道？（单选）_____。

(1) 直接采购；(2) 批发市场采购；(3) 其他（请注明）：_____。

10. 企业生产强化木地板所用基材最主要的采购方式？_____。

(1) 团购；(2) 单独购买。

11. 2010 年企业强化木地板的产量_____万米^2，销售额_____万元。

12. 企业强化木地板是否在国内市场销售？_____。

(1) 是；占全部销售额的比例是：_____%；(2) 否（→直接跳到 14 题）。

13. 企业强化木地板国内市场最主要的销售渠道是：_____。

(1) 自建专卖店销售；(2) 区域授权销售；(3) 贴牌销售；(4) 其他：（请注明）_____。

14. 企业强化木地板是否有出口？_____。

(1) 是；(2) 否（→直接跳到 20 题）。

15. 2010 年企业强化木地板出口额是_____万美元；占全部强化木地板销售额的_____%。

16. 企业出口产品主要去向及其出口量占企业全部出口产品的比例：

(1) 美国，比例_____；(2) 欧盟国家，比例_____；

(3) 俄罗斯，比例_____；(4) 中东，比例_____；

(5) 加拿大，比例_____；(6) 澳大利亚，比例_____；

(7) 南非国家，比例_____；(8) 其他国家（请注明）_____，比例_____。

17. 企业出口产品最主要的主要方式是：_____。

(1) 通过自己建立的海外销售渠道；(2) 接受国外销售商的订单，按订单生产；(3) 有合资或者独资企业的外方负责销售；(4) 其他方式（注明）_____。

18. 企业为什么选择产品出口业务（可多选）：_____。

    (1) 出口产品利润较高；(2) 企业主要生产适合国外消费者的高端产品；

    (3) 企业有相对稳定的外销渠道；(4) 其他（请说明）_____。

19. 企业向国外出口产品是否有自己的品牌？_____。

    (1) 没有；(2) 有。

20. 企业向国外出口产品是否有相对稳定的销售商？_____。

    (1) 没有；(2) 有，则长期稳定订单占_____%；在这些订单中企业是否

    有定价权？_____。①是；②否。

21. 企业向国外出口产品是否有相对稳定的销售商？_____。

    (1) 没有；(2) 有，则长期稳定订单占_____%；在这些订单中企业是否

    有定价权？_____。①是；②否。

22. 您认为企业所在地区的木制品生产在以下方面分别处在什么样的水平？

    A. 生产设备_____；B. 工艺流程_____；C. 产品设计_____；

    D. 质量控制_____。

    (1) 国际领先水平；(2) 国内领先水平；(3) 国内先进水平；

    (4) 国内一般水平；(5) 较落后国内一般水平。

23. 2010 年企业技术研发投入_____万元；2010 年末企业的研发人员数

    _____人。

24. 企业是否设有专门的研发机构？_____。

    (1) 是；(2) 否。

    企业有没有聘请外界专家？_____。

    (1) 有；(2) 没有。

    企业有没有与外部科研机构建立长期合作关系？_____。

    (1) 有；(2) 没有。

25. 企业得到过政府哪些方面的帮助：_____。

C. 对美欧木材新法案的认知

26. 您是否听说过美国雷斯法案修正案？_____。

    (1) 是；(2) 否（→直接跳转到 E）。

27. 您是从哪些渠道听说关于美国雷斯法案修正案的介绍的？（可多选）_____。

   (1) 电视或广播；(2) 报刊或杂志；(3) 网络；(4) 亲戚或朋友；(5) 同行；

   (6) 当地政府或协会；(7) 国外购货商；(8) 国外组织的宣传；

   (9) 其他（注明）_____。

28. 您是否听说过欧盟新木材法案？_____。

   (1) 是；(2) 否（→直接跳转到 33 题）。

29. 您是从哪些渠道听说关于欧盟新木材法案的介绍的？（可多选）_____。

   (1) 电视或广播；(2) 报刊或杂志；(3) 网络；(4) 亲戚或朋友；(5) 同行；

   (6) 当地政府或协会；(7) 国外购货商；(8) 国外组织的宣传；

   (9) 其他（注明）_____。

30. 您知道欧盟新木材法案开始实施的时间是_____。

   (1) 2010 年 4 月；(2) 2010 年 10 月；(3) 2013 年 3 月；(4) 2014 年 1 月。

31. 您认为以下所列项目中哪些属于欧盟实施新木材法案的目的？ （可多选）_____。

   (1) 减少非法砍伐，保护环境；(2) 保护欧盟自身的木材产业；

   (3) 促进可持续地经营森林；(4) 帮助弱势群体；(5) 抑制中国经济的发展；

   (6) 促使中国企业购买美国或欧盟供应商木材原料；

   (7) 其他（注明）_____。

32. 您所在的企业是否已经开始考虑欧盟新木材法案的应对措施？_____。

   (1) 是，已经开始考虑了；(2) 不，还没有开始考虑。

D. 美国雷斯法案修正案的影响与应对

33. 贵企业是否有产品出口过美国？_____。

   (1) 是；(2) 否（→直接跳转到 E 部分）。

34. 美国雷斯法案修正案实施后，贵企业向美国的出口发生了什么样的变化及其原因？_____。

   (1) 原来不出口，现在开始出口美国；原因是：_____；

   (2) 继续出口美国，且出口量增加，原因是：_____；

   (3) 继续出口美国，没有什么影响，原因是：_____；

(4) 继续出口美国，但出口量减少，原因是：＿＿＿＿＿＿＿＿＿＿＿；

(5) 已经放弃出口美国，原因是：＿＿＿＿＿＿。（→直接跳至 E 部分）。

35. 在继续向美国出口时，为了应对美国雷斯法案修正案，企业采取了哪些主要应对措施？（可多选）＿＿＿＿＿＿。

(1) 没采取任何措施（→直接跳至 39 题）；(2) 选择中美合资的基材供应商；

(3) 选择其他能够提供基材原料合法性证明材料的供应商；

(4) 其他（注明）＿＿＿＿＿＿。

36. 采取上述措施，使得基材成本有什么变化？＿＿＿＿＿＿。

(1) 成本没什么变化；(2) 成本上升 5％以内；(3) 成本上升 5％～10％；

(4) 成本上升 10％～20％；(5) 成本上升 20％以上。

37. 采取上述应对措施对给企业带来哪些收益？

(1) 企业在出口美国市场的份额是否有变化？＿＿＿＿＿＿。①基本没有变化；②提高；③下降。

(2) 企业出口美国的产品价格是否有变化？＿＿＿＿＿＿。①基本没有变化；②提高；③下降。

(3) 其他（注明）：＿＿＿＿＿＿＿＿＿＿＿＿＿＿＿＿＿＿＿。

38. 为了应对美国雷斯法案修正案，企业在生产经营上是否已经采取了以下调整？

(1) 改变生产经营规模？＿＿＿＿＿＿。①不会改变；②扩大经营规模；③缩小经营规模。

(2) 是否进行技术升级吗？＿＿＿＿＿＿。①不会；②会，怎样进行？＿＿＿＿＿＿。

(3) 改变雇工人数？＿＿＿＿＿＿。①不会；②会裁员；③增加雇工数。

E. 欧盟新木材法案的影响与应对

【欧盟新木材法案】2010 年 10 月，欧洲通过了一项旨在打击非法木材的欧盟新木材法案。该法案禁止将非法木材及含有此类木材的木制品投放欧盟市场；要求将木制品首次投放欧盟市场的贸易商进行"尽职调查"，提供关于产品描述、采伐国、数量、供货商以及遵守采伐国相关法律法规情况的信息，以确保产品的可追溯性，贸易商需保留关于其供货商和客户的文件及证明。若不能提供木材原料来源的合法性，则产品将不能进入欧盟市场。该法案于 2013 年 3 月 3 日起执行。

39. 目前贵企业是否有产品出口欧盟国家？_____。

    (1) 是；(2) 否（→直接跳到 48 题）。

40. 根据欧盟新木材法案"尽职调查"、提供合法性证明等要求，2013 年 3 月欧盟新木材法案执行后，贵企业是否会放弃欧盟市场？_____。

    (1) 放弃欧盟市场；(2) 不放弃欧盟市场（→直接跳到 43 题）。

41. 企业放弃欧盟市场的原因是什么？（可多选）_____。

    (1) 应对所需要的一次性投资太高；(2) 应对后产品平均成本增加太大；

    (3) 在技术上不能达到欧盟新木材法案的要求；   （4）其他（注明）_____。

42. 企业放弃欧盟市场后将做何选择？_____（→直接跳到 49 题）。

    (1) 开拓新的市场，哪些市场？_____；

    (2) 退出本行业，原因是：_____。

43. 企业不放弃欧盟市场的原因是什么？（请详细注明）。

    _____

44 如果企业继续出口欧盟市场，针对欧盟新木材法案的相关要求，企业基材原料采购方面将会采取以下哪些应对措施？_____。

    (1) 没采取任何措施（→直接跳至 48 题）；

    (2) 选择具有合资背景的基材供应商；

    (3) 选择其他能够提供基材原料合法性证明材料的供应商；

    (4) 其他（注明）_____。

45. 采取上述措施，使得基材成本有什么变化？_____。

    (1) 成本没什么变化；(2) 成本上升 5% 以内；(3) 成本上升 5%～10%；

    (4) 成本上升 10%～20%；(5) 成本上升 20% 以上。

46. 如果采取上述应对措施，将会对企业带来哪些收益？

    (1) 企业在出口欧盟市场的份额是否有变化？_____。①基本没有变化；②提高；③下降。

    (2) 企业出口欧盟的产品价格是否有变化？_____。①基本没有变化；②提高；③下降。

    (3) 其他（注明）：_____。

47. 为了应对欧盟的新木材法案，企业会在生产经营上进行哪些以下调整？

    (1) 改变生产经营规模？_____。①不会改变；②扩大经营规模；③缩小经营规模。

    (2) 是否进行技术升级吗？_____。①不会；②会。

    (3) 改变雇工人数？_____。①不会；②会裁员；③增加雇工数。

    (4) 改变工资水平？_____。①不会；②提高工资水平；③降低工资水平。

48. 您认为欧盟新木材法案的实施对国内木材市场会产生什么影响？（可多选）_____。

    (1) 国产木材原料价格可能上涨；(2) 进口木材价格可能上涨；(3) 国内产品市场竞争更加激烈；(4) 国内产品市场价格可能上涨；(5) 其他（注明）_____。

49. 您认为欧盟新木材法案的实施，对我国木材原料进口格局会产生什么样的影响？

    (1) 进口总量变化？_____。①增加；②基本不变；③减少

    (2) 从欧美的进口比例变化？_____。①上升；②基本不变；③下降。

50. 您认为欧盟新木材法案的实施，对我国木材产品出口格局会产生什么样的影响？

    (1) 出口总量变化？（   ）。①增加；②基本不变；③减少

    (2) 出口到欧盟的比例变化？（   ）。①上升；②基本不变；③下降。

51. 为应对欧盟新木材法案，你认为政府应该给企业提供哪些帮助？（可多选）_____。

    (1) 提供信息服务；(2) 提供法律服务；(3) 提供技术服务；

    (4) 提供资金支持；(5) 给予财政补贴；(6) 给予税收优惠；

    (7) 其他（注明）_____。

52. 您的姓名_____，职务_____，电话_____，邮箱_____。

Shennong
Series

参 考 文 献

国家林业局 . 2011 中国林业发展报告（2001、2002、2003、2004、2005、2006、2007、2008、2009、2010 年版）. 国家林业局网站 .

国家统计局 . 2010. 2009 年农民工监测调查报告 .

国家统计局 . 2011. GB/T 4754—2011 国民经济行业分类 .

国家统计局 . 2011. 国家统计局召开通气会通报工业和投资统计起点标准调整 .

国泰安公司 . 2008. 国泰安中国非上市公司数据库（光盘版）. http：// www. lib. ruc. edu. cn/ 103788/103807/74478. html.

国务院第二次全国经济普查领导小组办公室 . 2010. 中国经济普查年鉴——2008/第二产业卷（上）. 北京：中国统计出版社 .

国务院第一次全国经济普查领导小组办公室 . 2006. 中国经济普查年鉴——2004/第二产业卷（上）. 北京：中国统计出版社 .

刘燕，田明华，李明志 . 2005. 森林认证产品的国际竞争力分析 . 北京林业大学学报：社会科学版，4（3）.

鲁艳增 . 2011. 森林认证对我国纸产品企业经济效益的影响 . 北京：北京林业大学 .

王香奕，马阿滨 . 2005. 森林认证的成本效益分析 . 森林工程，25（1）.

张旭青，李周 . 2010. 中国木材加工业规模经济分析——基于第一次全国经济普查和 188 家企业调查数据 . 中国农村经济（10）.

中国造纸协会 . 中国造纸工业年度报告（2001、2002、2003、2004、2005、2006、2007、2008、2009、2010 年版）. 中国造纸协会网站 . http：//www. ctapi. org. cn/.

中经网 . 2010. 中经网统计数据库 . http：//www. lib. ruc. edu. cn/103788/103807/70656. html.

AF&PA（American Forest and Paper Association）. 2004. "Illegal" Logging and Global Wood Markets：The Competitive Impacts on the U S Wood Products Industry. Prepared by Seneca Creek Associates, LLC, Poolesville, MD.

Aguilar F X, Vlosky R P. 2007. Consumer Willingness to Pay Price Premiums for Environmentally Certified Wood Products in the U S. Forest Policy Economics, 9（8）.

Agung Prasetyo. 2011. Certification beyond Market Instrumenet：The Insonesian Ecolabeling Institute Voluntary Certification Scheme of Indonesia. Presented at International Workshsop on Forest Certification. Beijing China, Nov 7.

Andy White, Xiufang Sun, Kerstin Canby, Jintao Xu, et al. 2006. China and the Global Market for Forest Products; Transforming Trade to Benefit Forests and Livelihoods. Forest Trends.

Anne - Célia Disdier, Lionel Fontagné & Mondher Mimouni. 2007. The Impact of Regulations on Agricultural Trade: Evidence from SPS and TBT Agreements, CEPII.

Changjin Sun , Xiaoqian Chen. 2003. Small and Medium Forest Enterprise in China, Research Center of Ecological and Environmental Economics. Beijing, China and International Institute for Environment and Development, London, UK.

Chris Elliott, Jamison Ervin , Gholz. 1996. Certification of Forest Products: Issues and Perspectives. Washington: Island Press.

Chunquan Zhu, Rodney Taylor, Guoqiang Feng. 2004. China's Wood Market, Trade and the Environment. Science Press USA Inc and WWF International.

Daowei Zhang, Yanshu Li. 2009. Forest Endowment, Logging Restrictions, and China's Wood Products Trade. China Economic Review, 20 (46 - 53) .

Duncan Brack, Kevin Gray, Gavin Hayman. 2002. Controlling the international trade in illegally logged timber and wood products. A study prepared for the UK Department for International Development.

Emily Fripp. 2004. FLEGT and Trade: What will the impacts be? Published by Sustainable Development Programme. Chatham House.

European Parliament. 2003. Communication from the Commission to the Council and the European Parliament, FLEGT Proposal for an EU Action Plan.

European Parliament. 2010. Regulation (EU) No. 995 /2010 of the European Parliament and of the Council. Official Journal of the European Union (12) .

Ewald Rametsteiner, Markku Simula. 2003. Forest Certification: An Instrument to Promote Sustainable Forest Management. Journal of Environmental Management (1) .

Expert Group Convened by the European Commission. 2007. FLEGT Briefing Notes Series 2007, No. 1 - 7.

Francisco X, Aguilar, Zhen Cai. 2010. Conjoint Effect of Environmental Labeling, Disclosure of Forest of Origin and Price on Consumer Preferences for Wood Products in the US and UK. Ecological Economics (2) .

Hirschberger P. 2008. Illegal Wood for the European Market - Analysis of the EU Import and Export of Illegal Wood and Related Products. WWF - Germany, Frankfurt am Main.

Indroneil Ganguly , Ivan Eastin. 2011. Economic and Environmental Aspects of China's Wood

Shennong
Series

Products Industry. CINTRAFOR News.

Ivan Eastin, Jeff Cao. 2008. Certified Wood Use Within the Chinese Forest Products Industry, Presented at Developing Certified Forests, Forest Products and Markets. An International Conference, April 2 - 3.

Kozak R A, Cohen D H, Lerner J L, Bull G Q. 2004. Western Canadian Consumer Attitudes toward Certified Value - added Wood Products: An Exploratory Assessment. Forest Production Journal, 54 (21 - 24) .

Markku Simula. 2010. The pros and cons of procurement: Developments and progress in timber - procurement policies as tools for promoting the sustainable management of tropical forests. ITTO Technical Series No 34.

Martin Tsamenyi, Mary Ann Palma, Ben Milligan , Kwame Mfodwo. 2008. Development Impact of the Council Regulation Establishing System to Prevent, Deter and Eliminate Illegal, Unreported and Unregulated Fishing on Commonwealth ACP Member Countries. Final Report Prepared for the Commonwealth Secretariat.

Ostenwalder A, Pigneur Y, Tucci C L. 2005. Clarifying Business Modeles: Origins, Present and Future of the Concept. Communication of the Association for Information Svstems (15) .

Ozanne L K, Vlosky R P. 1997. Willingness to Pay for Environmentally Certified Wood Products: the Consumer Perspective. Forest Production Journal, 47 (6) .

Roberk Kozak. 2007. Small and Medium Forest Enterprises: Instruments of Change in the Developing World. Report submitted to the Rights and Resources Initiative.

Senlin Zhang. 2008. The Rising of Forest Product Industry in China and Its Contribution to the World. Proceedings of the 51st International Convention of Society of Wood Science and Technology. November 10 - 12.

Timmers P. 1998. Business Models for Electronic Markets. Elecronic Market (2) .

UNECE/FAO. Forest Products Annual Market Review 2006 - 2007.

World Bank. 2006. Weak Forest Governance Costs US $ 15 Billion A Year. Press Release.

Xiaozhi (Jeff) Cao. 2008. Wood Industry in China: Trends and Perspectives. Presented at ABIMCI IV International Congress, Curitiba - PR, Brazil, Nov 19 - 21.

Xinjian Luo, Jintao Xu. 2011. Small and Medium Wood - processing Enterprises in China: An Overview. Report submitted to Rights and Resources Initiatives.

Xinjian Luo, Ran Li, Lanying Lin, Xuefeng Gao, et al. 2009. Challenges and opportunities for China's small and medium forest enterprises. Rome: Food and Agriculture Organization of the

United Nations.

Xinjian Luo, Xuan Liu, Lanying Lin, Zhang Xiaoli, Li Yu. 2010. A case study of small and medium forest enterprise development in Zhejiang Province. Rome: Food and Agriculture Organization of the United Nations.

Xiufang Sun, Liqun Wang, Zhenbin Gu. 2005. China's Timber Market System: An Overview. Forest Trends.

Yufu Zhang. 2007. Satoshi Tachibana and Shin Nagata, Analysis on the Development of China's Wood Processing Industry. JARQ, 41 (1). http: //www. jircas. affrc. go. jp.

Zhong Zhuang, Lan Ding, Haizheng Li. 2007. China's Pulp and Paper Industry: A Review. School of Economics Georgia Institute of Technology.

图书在版编目（CIP）数据

欧盟新木材法案对中国木材行业中小企业的影响评价/
曾寅初等著 .—北京：中国农业出版社，2014.5
ISBN 978-7-109-19232-4

Ⅰ.①欧… Ⅱ.①曾… Ⅲ.①欧洲国家联盟－木材工
业－法规－研究②木材工业－研究－中国 Ⅳ.①D950.229
②F426.68

中国版本图书馆 CIP 数据核字（2014）第 105660 号

中国农业出版社出版
（北京市朝阳区麦子店街 18 号楼）
（邮政编码 100125）
策划编辑 刘 玮
文字编辑 蒋雨菲

北京中兴印刷有限公司印刷 新华书店北京发行所发行
2014 年 5 月第 1 版 2014 年 5 月北京第 1 次印刷

开本：700mm×1000mm 1/16 印张：11.75
字数：200 千字
定价：30.00 元
（凡本版图书出现印刷、装订错误，请向出版社发行部调换）